Nina Stögmüller

Schäfchen zählen

Ein traumhaftes
Lese- und Märchenbuch

Nina Stögmüller

Schäfchen erzählen

Ein traumhaftes Lese- und Märchenbuch

VERLAG ANTON PUSTET

Für meinen Vater, der mir gezeigt hat,
dass das Leben voller wunderbarer Wege
und Möglichkeiten ist.

Inhaltsverzeichnis

Vorwort

Liebe Leserinnen und Leser!

Wie man sich bettet, so liegt man, heißt es. Und womit man sich vor dem Einschlafen beschäftigt, das schwingt auch mit ins Träumeland. So ist es nicht verwunderlich, dass mir Leserinnen und Leser immer wieder berichten, dass sie nach dem Lesegenuss eines Märchens auch entspannter einschlafen. Daraus entstand die Idee zu diesem Buch.

„Schäfchen (er)zählen" ist ein Gute-Nacht-Geschichten-Buch für Erwachsene, das beim Einschlafen helfen soll. Zusätzlich möchte ich in meinem Lese- und Märchenbuch auch Anregungen zum besseren Schlafen geben.

Über den Schlaf gibt es viel zu berichten. Jeder hat seine ganz persönlichen Erfahrungen damit. Doch keiner weiß wirklich, wie er entsteht, niemand hat eine Ahnung davon, was mit uns passiert, wenn wir schlafen. So ist der Schlaf jede Nacht wieder ein Abenteuer, auf das wir uns einlassen können. Was werden wir träumen? Wie werden wir erwachen?

Eine Nacht kann Wunder wirken. Im Schlaf heilen Krankheiten besser und die Geschehnisse des Tages werden verarbeitet. Und wer eine Nacht nicht geschlafen hat, der weiß auch, wie weh Schlafentzug tut. Der Mensch muss schlafen, ob er will oder nicht. Alle künstlichen Wachhaltemethoden führen letztendlich doch immer wieder zu Müdigkeit und Erschöpfung.

Darum ist die „Schlafhygiene" eine wichtige Angelegenheit. Von der Gute-Nacht-Geschichte bis zur richtigen Schlafzimmertemperatur. Es gibt viele Möglichkeiten, die Schlafqualität zu verbessern und das Wohlgefühl zu steigern. Dieses Buch ist ein kleiner Leitfaden dazu.

Ich wünsche Ihnen viel Freude beim Lesen und immer wieder eine gute Nacht!

Ihre Nina Stögmüller

Wo kommen denn eigentlich die Schäfchen her?

Schon die Großeltern wussten: Wer nicht schlafen kann, der soll Schäfchen zählen. Es werden wohl wirklich Schäfer gewesen sein, die irgendwann, irgendwo auf der Weide beim Schäfchenzählen eingeschlafen sind und ihre Erfahrungen weitergegeben haben.

Das monotone Zählen der Schafe, die in Gedanken über einen Weidezaun springen, verlangt Konzentration, lenkt von den Tagesgedanken ab, und lässt den Schlaf leichter kommen. Doch eigentlich könnten wir uns alles vorstellen, was wir wollen, und es in Gedanken zählen. Die Schäfchen wurden möglicherweise auch deswegen als Einschlafhilfe so bekannt, weil sie so sanftmütige Geschöpfe sind. Doch wer zählt heute wirklich noch Schäfchen? Die moderne Schlafforschung weiß, dass es viel effizientere Techniken gibt, Schlaf herbeizuführen. Aber so wie beim Schäfchenzählen gilt auch für alle anderen „Einschlafhilfen": Der Schlaf lässt sich nicht erzwingen. Er kommt von selbst und anscheinend nur dann, wenn er will, und nicht dann, wenn wir Menschen wollen. Je verbissener man einschlafen möchte, desto schwieriger wird es. Je stärker wir den Willen einsetzen, desto länger dauert das Einschlafen.

„Loslassen" ist das Zauberwort. Das gelingt jedoch nicht immer gleich gut. Wenn Sorgen quälen, berufliche Themen mit ins Bett gehen oder die Schlafbedingungen schlecht sind, lässt meistens auch der Schlaf auf sich warten.

Eine komplexe Sache, dieser Schlaf, sollte man meinen – und doch so einfach und natürlich, wenn es gelingt, den Schlummer zu genießen und einfach gut zu schlafen.

Kleine Schlafgeschichte

Die Menschen haben nicht immer so geschlafen, wie wir es heute tun. Die Schlafgewohnheiten haben sich mit der Zeit verändert. Dass jeder sein eigenes Bett hat und man vorzugsweise alleine oder zu zweit schläft, war auch nicht immer selbstverständlich.

Es gab Zeiten, da war das Schlafen gar nicht so ungefährlich. Ungeschützt lagen die Menschen auf der Erde. Jederzeit konnte es einen Angriff von wilden Tieren oder Feinden geben. So schläft es sich nicht gerade entspannt. Aus diesem Grund schlief man in der Frühzeit meist in Gruppen. Es gab Gruppenmitglieder, die Wache hielten und die anderen im Schlaf beschützten. Je befestigter die Wohnstätten wurden, desto sicherer gestaltete sich auch die nächtliche Ruhe. Doch noch lange wurde in Gruppen geschlafen. Die Körperwärme der anderen schützte vor Kälte und gab Sicherheit.

Aus der Epoche der ägyptischen Pharaonen (2010–1550 v. Chr.) bestehen erste Aufzeichnungen über die Schlafgewohnheiten der damaligen Zeit. Männer und Frauen schliefen getrennt und es handelte sich um schlicht eingerichtete Wohnräume. Die ägyptische Bettstatt bestand aus einem Bettkasten mit einer darüber gespannten Matte. Es gab bereits Truhen, die als Stauraum für die Kleidung dienten, und Vorhänge rund um das Bett, die vor Insekten schützen sollten. Anzunehmen ist, dass wir den Ägyptern unser heutiges Bett verdanken.

Die Griechen erfanden dann das klassische Schlafzimmer. Auch im antiken Griechenland und bei den alten Römern gingen die Männer und Frauen der Oberschicht beim Schlafen getrennte Wege. Das „Ehebett" stand nur in den Behausungen der ärmeren Schichten und galt als unschick.

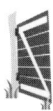

Aus dem Mittelalter sind beide Schlafsituationen von Männern und Frauen bekannt, sowohl getrennt als auch zusammen wurde damals genächtigt. Großteils schlief man in der Gemeinschaft. Häufig gab es Strohlager und Gemeinschaftsbetten.

Das Bett, so wie wir es heute kennen, entstand erst im 12. Jahrhundert. Es bestand schon damals aus einem Bettkasten oder einer Bettlade und einem Lattenrost. Ausgehend von diesem Grundgerüst wurden in wohlhabenden Kreisen die Betten immer opulenter ausgestattet. Mit Pelzen, Edelsteinen, Elfenbein, Gold und Silber verzierte man die Schlafstätten. Besungen und „verdichtet" wurden solche Prunkbetten gerne von Troubadouren und Poeten.

Im Spätmittelalter konnte man sich ein Bett so vorstellen: Ein hölzernes Bettgestell mit Lattenrost, eine Auflage aus Stroh, Laub oder für feinere Leute – aus Wolle. Auf die damaligen Matratzen wurden Betttücher aus Flachs oder Leinen gespannt. Der Kopfpolster war mit Federn befüllt und es gab Laken zum Zudecken. Bettvorhänge sollten Zugluft verhindern. In solchen Betten schliefen die feinen Leute meist allein. Männer und Frauen nächtigten in der gehobenen Gesellschaft zu dieser Zeit noch immer getrennt. Eine Ausnahme bildeten die Diener, die sich in Rufweite der Herrschaft befinden mussten. Sie schliefen meist im selben Zimmer, oftmals am Fußende des Bettes. Das gewöhnliche Volk schlief noch immer bunt gemischt in der Gruppe. Ein eigenes Bett konnte sich kaum jemand leisten, dafür aber eine Schlafmütze, die vor Zugluft schützen sollte.

Gegen Ende des Mittelalters entwickelte sich das Schlafzimmer zum Mittelpunkt des Hauses. Es wurde sowohl am Tag als auch in der Nacht genutzt. Besucher empfing man ganz selbstverständlich im Schlafzimmer. Mit der Zeit änderte sich dieser Brauch wieder und die Schlafräume entwickelten sich zu Privaträumen.

Auf dem Land war es noch lange üblich, dass gemeinsam in der „guten Stube" geschlafen wurde. Die Knechte und Mägde fanden ihr Nachtlager im Stall auf strohgefüllten Leinensäcken. Durch den Kontakt mit den Städtern änderten sich allmählich auch die

Schlafbedingungen in ländlichen Gebieten. Ende des 19. Jahrhunderts wurde die gesetzliche Trennung bei der Unterbringung von Mensch und Tier festgelegt.

Wer kann sich heute noch vorstellen, regelmäßig mit einer Gruppe von Menschen in einem Raum zu schlafen? Die Gewohnheiten haben sich geändert. Die Bauweise der Häuser erlaubte mit der Zeit immer mehr Privatsphäre. Die Schlafräume wurden zur häuslichen Intimzone erklärt und so ist es für uns Mitteleuropäer selbstverständlich geworden, dass jeder Mensch sein eigenes Bett besitzt.

Warum wir schlafen müssen

Diese Frage wird wohl am häufigsten von Kindern gestellt, die gerne noch länger aufbleiben möchten und nicht ins Bett gehen wollen. Doch auch manch Erwachsener würde es vorziehen, nicht schlafen zu müssen. Ohne Schlaf geht es jedoch nicht. Das wissen wir sowohl aus eigener Erfahrung, als auch von der modernen Schlafforschung.

Auf die Frage, warum wir schlafen müssen, geben Biologen eine mögliche wissenschaftliche Erklärung: Als vor 300 Millionen Jahren die Amphibien das Wasser verließen, mussten sie sich, um sich an die veränderten Temperaturen zwischen Tag und Nacht anzupassen, das Schlafen angewöhnen. Es gibt aber keine gesicherten Beweise für diese Theorie.

Das Wort „Schlaf" kommt von „schlapp werden" und kann mit der Erschlaffung der Muskulatur erklärt werden. So geht man auch in der Schlafforschung vom Erschlaffungsgrad der Muskeln aus, um die verschiedenen Schlafphasen bestimmen zu können.

Heue ist vieles erforscht, was sich im Schlaf abspielt. Dass „der Morgen klüger als der Abend ist", wussten schon unsere Vorfahren. Wenn Probleme oder Entscheidungen anstanden, lautete der gute Ratschlag, man solle eine Nacht darüber schlafen. Heute wissen wir, warum. In den Traumphasen verarbeitet der Mensch das Tagesgeschehen, die Ereignisse, die Gefühle, einfach alles, was er an einem Tag erlebt hat. Damit man die Vorkommnisse eines Tages bewältigen kann, braucht man seinen Schlaf und die Träume, die dafür sorgen, dass alles Erlebte abgespeichert und eingeordnet wird.

Schlafen und Träumen sind lebenswichtig, aber das hätten wir auch ohne Schlafforschung gewusst, denn spätestens nach einem

Tag Schlafentzug fühlt man sich wie gerädert. Hält der Schlafmangel länger an, sind körperliche und geistige Störungen an der Tagesordnung. Nicht umsonst wurde Schlafentzug als Foltermethode eingesetzt und soll bis zum Tod führen können.

Und natürlich brauchen wir den Schlaf auch zur täglichen beziehungsweise nächtlichen Erholung und Regeneration. Wenn wir eingeschlafen sind, sinken Plus, Blutdruck, Körpertemperatur und Energieverbrauch. Die Atmung wird ruhiger. Doch während wir schlafen, arbeiten manche Teile unseres Körpers umso intensiver, so zum Beispiel Lunge und Nieren. Auch der Magen-Darm-Trakt wird gegen Ende der Nacht recht munter. Und natürlich ist unser Gehirn während des Schlafens sehr aktiv, besonders in den REM-Phasen.

Der Schlaf läuft in Zyklen ab, die jeweils ungefähr 90 Minuten dauern. Der Tiefschlaf wechselt immer wieder mit den REM-Phasen, dazwischen gibt es auch Übergangszeiten. Der Tiefschlaf sorgt für die Regeneration des Körpers. Im REM-Schlaf findet der Großteil der Träume statt. REM bedeutet „rapid eye movement", die dabei stattfindenden schnellen Augenbewegungen gaben dieser Schlafphase ihren Namen. Es ist erwiesen, dass man im Schlaf ungefähr sieben Mal pro Stunde aufwacht. Das ist ganz normal und wird von den meisten Schläfern gar nicht wahrgenommen. Erst ab einer gewissen Zeitspanne kann man sich auch noch am Morgen daran erinnern, in der Nacht aufgewacht zu sein.

Auf die Frage, wie lange man schlafen soll, gibt es keine eindeutige Antwort. Die Schlafdauer ist so individuell, wie wir Menschen es sind. Es gibt Typen, die kommen gut mit fünf Stunden Schlaf über die Runden, andere brauchen wiederum satte neun Stunden, um sich am nächsten Tag ausgeschlafen zu fühlen. Die durchschnittliche Schlafdauer liegt zwischen sechs und acht Stunden. Zuviel Schlaf bringe nichts, meinen Schlafforscher, man käme nach einer zu langen Schlafdauer umso schwerer aus den Federn. Und zu wenig Schlaf ist sowieso ungesund. Wie man sich nach dem Aufwachen fühlt, das entscheidet meist nicht die Dauer, sondern

die Qualität des Schlafes, die Erholungs- und Regenerationszeit in den Tiefschlafphasen.

Schlafmediziner raten nur dann zu einem Mittagsschläfchen, wenn es nicht zu lange dauert. Das „Power Napping", ein kurzes Nickerchen von etwa 20 Minuten, soll besonders erfrischend wirken. Dauert die Siesta zu lang, dann braucht der Körper auch wieder umso länger, um in die Gänge zu kommen. Menschen mit Schlafstörungen wird generell vom Mittags- oder Tagesschlaf abgeraten, da damit der „Schlafhunger" am Abend abnimmt.

Der Schlaflosigkeit auf der Spur

Wir können alles, nur nicht schlafen. Der moderne Mensch ist wach? Ganz und gar nicht. Müde schleppen sich viele durch den Tag und können dann am Abend erst recht wieder nicht gut ein- oder durchschlafen. Gründe dafür gibt es zahlreiche, nach Antworten wird tagtäglich gesucht. In Schlaflabors wird geforscht, neueste Erkenntnisse werden in Studien veröffentlicht.

Wer nicht schlafen kann, hat heute vielfältige Möglichkeiten, seine Schlafprobleme aus der Welt zu schaffen. Die ersten Schritte werden vielleicht zu pflanzlichen Schlafmitteln führen, möglicherweise folgt ein Gang zum Arzt, um sich Schlaftabletten verschreiben zu lassen. Schlaflosigkeit ist zu einer Volkskrankheit geworden. Noch nie wurden so viele Schlafmittel eingenommen und rezeptfreie pflanzliche Schlafpillen verkauft. Das alles sind Methoden, welche die wirklichen Gründe der Schlafstörung jedoch nicht beheben. Viele schlafgestörte Patienten leiden unter psychischen Belastungen, die ihren Schlaf behindern, wobei die Ursachen aber auch körperlicher Natur sein können.

Ein Besuch in einem Schlaflabor kann helfen, der Schlaflosigkeit auf den Grund zu gehen. Die Weltgesundheitsorganisation WHO unterscheidet derzeit 88 verschiedene Arten von Schlafstörungen. Dazu zählen zum Beispiel Probleme mit dem Einschlafen und Durchschlafen. Nicht erholsamer Schlaf führt zu Schlafmangel, aber auch zu einer übermäßigen Schlafdauer.

Immer mehr Menschen leiden mittlerweile unter Schlaflosigkeit. Und das ist wohl auch der Grund, warum es heute in ganz Österreich Schlaflabors gibt. Unter www.schlafmedizin.at bietet die Österreichische Gesellschaft für Schlafmedizin und Schlafforschung

(ÖGSM) eine gesammelte Liste der Krankenhäuser mit Schlaflabors an. Die ÖGSM wurde in Österreich im Jahr 1992 gegründet, und widmet sich der Erforschung des Schlafes und seiner Störungen. Zu den Mitgliedern zählen Ärzte der Neurologie, Psychiatrie, Pneumologie, Inneren Medizin, HNO-Heilkunde, Pädiatrie, außerdem Physiologen, Psychologen, Biologen, biomedizinische Techniker und weitere Naturwissenschaftler.

Die moderne Schlafforschung analysiert das menschliche Verhalten im Schlaf und überprüft die dabei ablaufenden physischen Prozesse. Dieser medizinische Forschungszweig ist noch sehr jung und entstand in den 1950er-Jahren, in der Zeit, in der auch die REM-Phase entdeckt wurde.

Die unterschiedlichen Phasen des Schlafes werden anhand der Gehirnströme, der Muskelaktivität und der Augenbewegungen gemessen. Den REM-Schlaf erkennt man durch die schnellen Augenbewegungen sowie fehlende Muskelspannung, die einer Art Lähmung gleichkommt. In diesen Phasen ist aber eine intensive Gehirnaktivität messbar.

Bei den Schlafstadien unterscheidet man grundsätzlich zwischen dem leichten Einschlafstadium, dem mittlerem Schlafstadium, dem Tiefschlafstadium und dem REM-Stadium. Ein gesunder Mensch durchläuft in einer Nacht vier bis sechs Schlafzyklen, die zwischen 90 und 120 Minuten andauern. Jedes einzelne Schlafstadium ist wichtig und trägt zu einem erholsamen und gesunden Schlaf bei.

Schlafhygiene

Nachdem es immer mehr Menschen gibt, die nicht schlafen können, gibt es auch immer mehr Empfehlungen und Regeln, wie man nachhaltig zu einem guten Schlaf kommen kann. Vor allem für jene, die unter Schlafstörungen leiden, können die internationalen Schlafhygiene-Regeln sehr hilfreich sein:

Man sollte jeden Tag die gleichen Aufsteh- und Zubettgehzeiten einhalten. Auch am Wochenende. Dadurch bleibt der Körper im

Rhythmus und man kann besser ein- und durchschlafen. Für die Nachtruhe reichen normalerweise acht Stunden. Wer abends schlecht einschlafen kann, dem ist zu raten, auf ein Nickerchen am Nachmittag zu verzichten.

Wenn man nachts aufwacht und dann auch noch zum Kühlschrank geht, erzieht man seinen Körper zum Nachthunger. Je öfter diese Handlung wiederholt wird, desto häufiger verlangt der Körper nach einer nächtlichen Fütterung. Eine Schlafstörung ist damit quasi vorprogrammiert.

Ein Bett ist ein Bett ist ein Bett. Und deswegen sollte ein Bett nur zum Schlafen da sein und natürlich für lustvolle Aktivitäten. Gänzlich abzuraten ist davon, sich Arbeit mit ins Bett zu nehmen oder zum Beispiel im Bett zu stricken, zu essen oder fernzusehen. Lesen ist erlaubt, dient es doch dem sanften Einschlafen.

Schlafcoaches

Es gibt auch sogenannte Schlafcoaches, die sich darum bemühen, den Schlafrhythmus ihrer Klienten zu normalisieren. Diese Trainer wenden verhaltenstherapeutische Maßnahmen wie Entspannungsmethoden oder Hypnose an und informieren die Hilfesuchenden über die richtige Schlafhygiene. Die Schlafumgebung soll so angenehm und bequem wie möglich sein, weshalb auch das Umfeld des Schlafgestörten beleuchtet wird. Denn vieles kann beim Schlecht-Schlafen eine Rolle spielen: Essgewohnheiten, Zubettgehzeiten, zu viel oder zu wenig sportliche Aktivitäten, Grübelattacken …

Schnarchen kann gefährlich sein

Vielfach wird Schnarchen mit einem Lächeln abgetan, vor allem von den Schnarchern selbst. Doch ist oftmals nicht zu spaßen mit den nächtlichen Geräuschen, die den Bettnachbarn in den Wahnsinn treiben können und für den Verursacher selbst nicht immer

ungefährlich sind. Ist der Schnarcher frei von Atemunregelmäßigkeiten, spricht man vom „primären Schnarchen". Diese Art des Schnarchens ist für den Verursacher harmlos.

Manche besonders laute Schnarcher leiden aber an einer Schlafapnoe, das heißt, dass die Atmung im Schlaf immer wieder aussetzt. Die Schläfer bekommen kurzzeitig keine Luft, der Blutdruck steigt an, ebenso die Herzfrequenz. Gleichzeitig kommt es zu einer höheren Muskelanspannung. Durch den Schnarchlaut wird der Atemstillstand wieder unterbrochen, der Schnarcher wacht kurz auf, merkt jedoch selbst meist nichts davon. Von einer leichten Schlafapnoe spricht man bei fünf bis vierzehn Atempausen pro Stunde, es gibt aber auch schwere Fälle, bei denen Schläfern bis zu dreißig Mal in der Stunde der Atem stockt.

Man kann sich vorstellen, dass diese Art des Schlafens nicht gerade erholsam ist. Die Menschen wachen am nächsten Tag auf und fühlen sich wie gerädert, da es zu keiner Erholung im Schlaf kommt. Die Schlafapnoe stellt ein großes Gesundheitsrisiko dar, da während der Atemstillstände die Sauerstoffversorgung des Körpers mangelhaft ist. Auch für den Herzrhythmus ist diese Schlafstörung eine enorme Belastung. Bluthochdruck, Herzrhythmusstörungen, Schlaganfall und Herzinfarkt können die Folgen sein. Der ständig unterbrochene Schlaf kann weiters zu Tagesmüdigkeit, mangelnder Konzentration und Gedächtnisleistung sowie zu Kopfschmerzen führen.

Schnarchen und Schlafapnoe werden durch eine Verengung der Luftwege hervorgerufen. Erleichterung bringen Atemmasken und Gerätschaften, die dafür sorgen, dass die Atemwege frei bleiben. Auch Operationen der Nasenscheidewand können dazu beitragen, dass die Luft beim Schlafen besser zirkuliert, und dass sich das Schnarchen verringert. Sogenannte Schnarchschienen sollen den Rachenraum erweitern und damit den Luftstrom begünstigen.

Menschen, die sehr laut schnarchen und deren Partner möglicherweise in der Nacht beobachten, dass die Atmung aussetzt und durch einen Schnarchlaut explosionsartig wieder einsetzt, sollten sich untersuchen und ihr Schlafverhalten abklären lassen. Es gibt mittlerweile unzählige Schlaflabors und Schlafmediziner in Krankenhäusern, die Schlafstörungen auf den Grund gehen und damit gesundheitliche Risiken verringern oder ihnen vorbeugen können.

Ob Schnarchen heilbar ist, sei dahingestellt, auf alle Fälle sollte eine Lösung gefunden werden, wenn ein zweiter Bettpartner darunter leidet. Getrennte Schlafzimmer können nächtliche Wutausbrüche verhindern und gelten als friedliche Dauerlösung.

Was kann man generell gegen das Schnarchen tun? Zu den Faktoren, die Schnarchen begünstigen können, zählen Übergewicht, zu wenig Bewegung, Alkohol und Nikotin. Und natürlich eine ungünstige Schlafposition. Denn auf dem Rücken schnarcht es sich gleich viel angenehmer! Das führte zu kuriosen Lösungsansätzen: So gibt es eigene Schnarchhemden, auf deren Rückseite harte Gegenstände eingenäht sind, die den Schnarcher davon abhalten sollen, sich in der Nacht auf den Rücken zu drehen. Schon in Kriegszeiten gab es solche Ideen, um das Schnarchen der Soldaten zu verhindern, das ihnen das Leben kosten konnte. So wurden in die Rückenteile der Uniformen Munition eingenäht, damit sich die Soldaten in der Nacht nicht durch lautes Schnarchen bemerkbar machten und eventuell den Feind anlockten oder in einem Versteck entdeckt wurden.

Ein besonders skurriler Tipp gegen das Schnarchen: Das Erlernen des australischen Blasinstruments Didgeridoo soll die Atemmuskulatur kräftigen und damit dem Schnarchen den Garaus machen!

Die Sorgen und der Schlaf

Geschlafen wird immer, sollte man meinen. Doch war das Schlafdefizit in der westlichen Welt noch nie so groß wie heute. Der häufigste Grund für Schlafstörungen ist natürlich das große Ganze, das den Menschen zu viel wird, Belastungen und Probleme, die mit

ins Bett genommen werden. Familie, Beruf, finanzielle Sorgen, gesundheitliche Probleme, Streit, Depressionen und noch vieles mehr. Die Gründe dafür, warum ein Mensch nicht schlafen kann, sind individuell und mannigfaltig. Doch je mehr Ursachen zusammenkommen, desto weniger wird Schlaf zu finden – geschweige denn erholsam sein.

Alkohol stört den Schlaf

Manchmal sind es ganz banale Gründe, die uns den Schlaf rauben. Vom Alkohol wird man zwar müde, jedoch sorgen ein paar Gläschen zu viel vor dem Zubettgehen auch dafür, dass man unruhiger schläft, oft mitten in der Nacht wieder aufwacht und nicht mehr schlafen kann. Die REM-Phasen werden durch den Alkohol gestört und so wird der Mensch daran gehindert, die Tageserlebnisse in Traumform zu verarbeiten. Am nächsten Morgen hat man dann nicht nur einen Brummschädel von zu viel Alkohol, sondern auch von der minderwertigen Schlafqualität.

Auf zu viel Essen verzichten

Zu viel Essen vor dem Zubettgehen kann ebenfalls dazu beitragen, die Schlafqualität zu beeinträchtigen. Ein zu warmes oder ein zu kühles Schlafzimmer wirkt genauso störend auf den Schlaf wie stickige Luft. Eine Raumtemperatur von 18 Grad wäre optimal und das Lüften vor dem Schlafengehen ein Segen für guten Schlaf. Manche Dinge sind so einfach, andere hoch kompliziert. Am besten sollte man mit den einfachen „Schlafhemmern" beginnen, um sich dann weiter mit den schwieriger zu behebenden Ursachen zu beschäftigen.

Aus scheinbar unerklärlichen Gründen nicht schlafen zu können, ist immer ein Zeichen, dass etwas nicht in Ordnung ist. Sowohl psychische als auch physische Ursachen können dahinterstecken.

Albtraum Schlafmangel

Wenn jemand nicht schlafen kann, dann ist der nächste Tag ein wahrer Albtraum. Zu wenig Schlaf wirkt sich auf den Körper aus wie eine Krankheit. Man fühlt sich schwach und zerschlagen, die Glieder schmerzen, die Konzentration leidet und die Nerven liegen blank. Es ist erwiesen, dass sich Schlafmangel im Straßenverkehr ähnlich auswirkt wie die Folgen von Alkohol. Wer übermüdet mit dem Auto fährt, setzt sich und andere einer großen Gefahr aus.

Seltene Erbkrankheit

Es gibt eine schlimme erbliche Krankheit, die Menschen aus Schlafmangel sterben lässt. Sie tritt sehr selten auf, wird jedoch über viele Generationen weitergegeben. In England ist eine Familie bekannt, in der seit über 200 Jahren diese schreckliche Krankheit auftritt. Die ersten Symptome treten im Alter zwischen 40 und 60 Jahren auf. Die Erkrankten können dann nicht mehr schlafen und sterben irgendwann einen grausamen Erschöpfungstod.

Schlafentzug als Foltermethode

Heute wissen wir, dass der Mensch einige Tage ohne Wasser auskommen kann, sogar einige Wochen ohne Essen, aber schon nach 60 Stunden ohne Schlaf schwerwiegende gesundheitliche Defizite auftreten können. Schon sehr früh entdeckten die Menschen, dass fehlender Schlaf Schreckliches auszulösen vermag. Bereits in der Antike und im Mittelalter wurde der Schlafentzug als Foltermethode eingesetzt und bekam den Namen *Tortura Insomniae*. Mit dieser Prozedur versuchte man auch Dämonen auszutreiben.

Sanfte Einschlafhilfen

Die beliebteste Einschlafhilfe in Form eines Schlummertrunks ist warme Honigmilch. Die Wirkung dieses alten Hausmittels ist zwar wissenschaftlich nicht belegt, jedoch ist bewiesen, dass Milch in geringen Dosen das Schlafhormon Melatonin enthält. Die Wärme und Süße der Honigmilch entspannt und die Erinnerung daran, dass dieses Getränk schon in den Kindertagen so manchem beim Einschlafen geholfen hat, unterstützt die Psyche dabei, in den Schlaf zu finden.

Auch Pflanzen können beim Einschlafen helfen: Baldrian, Hopfen, Johanniskraut, Melisse oder Passionsblume wird eine schlaffördernde Wirkung nachgesagt, Produkte dieser Pflanzen findet man zuhauf in Drogerien, Apotheken und sogar Supermärkten. Die beruhigende Wirkung der Pflanzenstoffe soll den Schlaf fördern.

Baldrian

Das beliebteste aller pflanzlichen Schlafmittel ist der Baldrian. Die Pflanze kann bis zu 150 cm hoch werden, trägt hellrosa-weiße Blüten und duftet angenehm. Der intensive Baldriangeruch entsteht erst durch das Trocknen der Pflanzenwurzel. Baldrian hilft beim Einschlafen und Durchschlafen und soll die Schlafqualität erhöhen. Er wird sowohl in Tablettenform als auch als Tee genossen und es gibt daraus hergestellte Badezusätze und viele weitere Produkte.

Hopfen

Den Hopfen kennt man als Bierzutat, doch auch als Schlafmittel ist er aufgrund seiner beruhigenden Wirkung recht hilfreich. Die Kletterpflanze kann eine Länge von bis zu zwölf Metern erreichen und enthält Bitterstoffe und ätherische Öle. Hopfen wird in Tabletten- und Tropfenform und als Tee angeboten, es gibt auch Duftkissen mit Hopfenfüllung.

Melisse, Passionsblume und Johanniskraut

Schon in alten Schriften wird die Melisse immer wieder als beruhigend beschrieben – ob als Tee, Öl oder Tinktur. Eine weitere Helferin beim Einschlafen ist die Passionsblume. Sie wurde von Missionaren nach Europa gebracht und kam bei Unruhezuständen und Schlafstörungen zum Einsatz. Johanniskraut beeinflusst vor allem die Begleiterscheinungen von Depressionen, zu denen auch Schlaflosigkeit und Nervosität zählen. Die schlaffördernde Wirkung zeigt sich erst nach längerer Einnahme.

Ich wünsch' dir eine gute Nacht!

Jemandem eine gute Nacht zu wünschen, ist sicher einer der besten Wünsche der Welt. Denn wer gut schlafen kann, der lebt auch besser. Eine der Grundvoraussetzungen für ein gelingendes Leben am Tag ist eine gute Nacht. Wie man eine solche verbringt, dafür gibt es viele Tipps und Tricks. Jeder Mensch ist anders, und so wird bei jedem Schläfer eine andere Methode dazu beitragen können, den ersehnten Schlaf zu bringen.

Das Schlafzimmer: Weniger ist mehr!
Segensreich für einen guten Schlaf ist es, wenn sich in den Schlafräumen so wenig wie möglich technische Geräte und Ablenkungen befinden. Es ist erwiesen, dass die Farbe Blau eine beruhigende Wirkung auf uns Menschen hat, deswegen eignet sie sich gut als Wandfarbe für Schlafzimmer.

Luft und Luftfeuchtigkeit
In der Früh und am Abend die Schlafräume ausgiebig zu lüften gehört zu den Grundprinzipien der Schlafhygiene. Manche Menschen schlafen gern bei gekipptem Fenster, denn die frische Luft ist ein Vorteil beim Schlafen. Im Winter sollte man darauf achten, dass es dadurch nicht zu kalt im Schlafraum wird. Ist die Raumtemperatur zu niedrig, fällt es dem Körper schwer zu entspannen, da die körpereigene „Heizung" weiterlaufen muss. Auch die Luftfeuchtigkeit spielt eine Rolle beim guten Schlafen. Diese sollte optimalerweise zwischen 40 und 50 Prozent liegen. Zu trockene Luft

kann die Atemwege reizen und Husten auslösen. Ist die Luftfeuchtigkeit zu hoch, besteht die Gefahr von Schimmelpilzbildung. Zur Messung der Luftfeuchtigkeit dienen Hygrometer.

Guter Schlaf braucht Dunkelheit

Zum Schlafen sollte es nicht nur ruhig, sondern auch dunkel sein. Vor allem in Großstädten spielt die „Lichtverschmutzung" eine immer bedeutendere Rolle bei Schlafstörungen. Jalousien und Rollläden können dagegen gute Dienste leisten. Im Urlaub oder auf Langstreckenflügen helfen Schlafmasken, um bei ungewohnten Lichtverhältnissen besser schlafen zu können. Grelles Licht kann in der Nacht besonders schlafstörend wirken, wenn wir zum Beispiel auf die Toilette gehen und uns dabei dem zu hellen, künstlichen Licht aussetzen. Besonders „aufmunternd" wirken soll das dem Tageslicht ähnliche blaue Licht, das uns aus Computern, Smartphones und Tablets entgegenstrahlt. Am besten vor dem Schlafengehen nicht mehr zu viel ins „Blaulicht" sehen!

Bewegung und frische Luft

Generell ist es hilfreich, wenn man sich auch tagsüber viel an der frischen Luft aufhält, körperliche Betätigung macht bekanntlich müde, doch fällt es den Schreibtischtätern unter uns im Alltag oft schwer, auf ein ausreichendes Bewegungspensum zu kommen. Dabei ist es sinnvoll, kurze Wege zu Fuß zu erledigen, Stufen zu steigen, anstatt mit dem Lift zu fahren, und jede Möglichkeit zu nutzen, in Bewegung zu bleiben. Diese Tipps sind allesamt nicht neu, und trotzdem möchte ich sie hier aufnehmen. Ein Schrittzähler kann helfen, einen Überblick zu bekommen, und zu mehr Bewegung motivieren. Und wenn man wieder einmal den ganzen Tag nur sitzend verbracht hat, dann hilft ein Hometrainer, um einen bewegten Fernsehabend zu verbringen.

Der gute alte Abendspaziergang

Abendliche Spaziergänge an der frischen Luft verhelfen ebenso zu einem besseren Schlaf. Natürlich ist jede Form von Sport in der freien Natur förderlich, wenn es um den guten Schlaf geht. Sogar Schnarcher werden leiser, wenn sie sich am Tag körperlich betätigen und vor dem Zubettgehen keinen Alkohol trinken. Extremer Sport bildet dabei allerdings eine Ausnahme, da dadurch der Körper in einen Stresszustand versetzt wird, der beim Schlafen eher hinderlich ist. Der gute alte Abendspaziergang ist auch eine hervorragende Möglichkeit, zur Ruhe zu kommen, den Tag Revue passieren zu lassen und ein gutes Gespräch mit sich selbst oder dem Partner zu führen.

Zwei Stunden zum Runterkommen

Wichtig ist es, vor dem Schlafengehen zur Ruhe zu kommen. Rund zwei Stunden vor dem Zubettgehen sollte man sich Zeit nehmen, nicht mehr zu viel essen oder trinken, keine großen Aufregungen mehr, den Tag los- und sich auf die Nachtruhe einlassen. Das ist natürlich leichter geschrieben als getan. Eine gute Möglichkeit, sich sanft auf den Schlaf einzustimmen, ist es, ein Tagebuch zu führen. Am Ende des Tages alle wichtigen Vorkommnisse und Erlebnisse niederzuschreiben und den Tag gut abzuschließen.

Schüttle dich und rüttle dich!

Für alle, die sich lieber körperlich von den geistigen Schlafräubern befreien möchten, gibt es eine Übung, die helfen kann, die „alltäglichen" Sorgen und Probleme einfach abzuschütteln. Dafür stellt man sich vor dem Schlafengehen in Socken oder barfuß auf den Boden und beginnt, Beine und Arme auszuschütteln. Gedanklich stellt man sich dabei vor, die ganzen Belastungen des Tages abzuschütteln. Armen und Beinen folgt schließlich der ganze Körper. Einfach ausschütteln! Wem das Schütteln mit Musik leichter fällt, der kann natürlich dabei auch noch seinen Lieblingssong hören, Hauptsache, Sie schütteln alles ab, was Sie an Ihrem gesunden Schlaf hindern könnte!

Duschritual

Auch die allabendliche Dusche kann zu einem Loslassritual werden. Stellen Sie sich vor, dass Sie sich mit dem warmen Duschstrahl alles Negative und Belastende von den Schultern spülen. Alles, was nicht gut an diesem Tag war, läuft von Ihnen ab, wird weggewaschen und landet schließlich im Abfluss.

Warme Füße sind ein Muss!

Kalte Füße können das Einschlafen verzögern. Warme Bettsocken sorgen für kuschelige Wärme, aber auch eine Wärmflasche kann vor allem im Winter gute Dienste tun. Auch ein warmes Fußbad vor dem Zubettgehen tut wohl!

Fußabstreifer für die Seele

Eine witzige Möglichkeit für Kinder (aber auch für Erwachsene!) ist es, sich vor die Kinderzimmer- oder Schlafzimmertür einen fröhlichen Fußabstreifer zu legen. Wenn man zu Bett geht, dient der Fußabstreifer dazu, alles Negative und Belastende des Tages einfach mit den Füßen abzustreifen. Die Sorgen sollen draußen bleiben, der Fußabstreifer erinnert jeden Abend daran.

Die Sorgenlade

Hier ein kleines Ritual, das helfen kann, die Ärgernisse des Tages loszulassen: Stellen Sie sich vor, dass Sie alle Ihre Sorgen und Probleme in ein Tuch einwickeln. Dieses Tuch kann es wirklich geben oder nur in Ihrer Vorstellung – wie es Ihnen lieber ist. Das

Tuch geben Sie dann gedanklich oder wirklich in eine Lade oder in einen Schrank, die oder der sich außerhalb des Schlafzimmers befindet. Diese einfache Handlung oder schon die Vorstellung davon kann zu einem kleinen Abendritual werden, das dazu beiträgt, leichter einzuschlafen.

Mein Tipp: Nehmen Sie das Tuch am nächsten Morgen wieder aus der Lade oder aus dem Kasten heraus und schütteln Sie es kräftig aus (Fenster, Haustür, Garten). So kann der Tag nach einer guten Nacht noch besser beginnen und das Tuch ist wieder sauber und frei von den alten Sorgen des Vortages. Eine schöne kleine Übung, die nicht nur Kindern hilft, vor dem Schlafengehen leichter loszulassen, sondern auch für Erwachsene eine gute Methode sein kann, sich spielerisch von den Lasten des Tages zu befreien.

Beten hilft

Das Beten vor dem Einschlafen ist ein uraltes Ritual in unserem Kulturkreis. Egal, ob vorgefertigte Texte gebetet werden oder ob es sich um ganz individuelle, persönliche Gebete handelt. Gläubigen Menschen gibt das Beten ein gutes Gefühl und erleichtert das Einschlafen.

Das Wutkissen

Eine gute Möglichkeit, vor dem Schlafengehen Dampf abzulassen, ist es, sich ein Wutkissen anzuschaffen. Bitte dabei keinen Kopfpolster aus dem Schlafzimmer verwenden, sondern besser ein Kissen aus einem anderen Wohnbereich. Wer wütend zu Bett geht, der kann unmöglich schlafen. Sogar friedliebenden Menschen hat diese Möglichkeit geholfen, nach aufreibenden Situationen besser in den Schlaf zu finden. Ein unschuldiges Kissen zu verprügeln, mag manchen Menschen ungerecht erscheinen, doch zahlt es sich wohl aus, wenn damit die Nachtruhe verbessert wird. Und wer schon einmal gegen einen Polster geboxt hat, wird feststellen, wie schnell sich die Wut in Heiterkeit auflöst, denn die Aktion an sich ist von außen betrachtet schon eine sehr skurrile Angelegenheit und insgesamt hilfreich, einer wütenden Gedankenspirale zu entkommen!

Lachen ist gesund!

Lachen ist gesund und kann beim Einschlafen helfen. Aus dem Lachyoga kennen wir die heilsame Wirkung des herzlichen Lachens auf Körper, Geist und Seele. Und auch vor dem Schlafengehen kann es hilfreich sein. Stellen Sie sich am besten vor den Badezimmerspiegel und lachen sie laut los. Es wäre fein, wenn Sie fünf Minuten durchlachen könnten. Am Anfang wird das laute (eventuell grundlose) Lachen etwas Überwindung kosten. Und falls sich andere Familienmitglieder und/oder Nachbarn gestört fühlen, laden Sie diese einfach dazu ein, mitzumachen. Eines ist sicher, es wird lustig! Vielleicht möchten Sie diese Übung auch gleich in der Früh, beim morgendlichen Spiegelblick fortsetzen! Einen Tag mit Lachen zu beginnen, ist die beste Möglichkeit sich und andere zu erheitern! Probieren Sie es aus!

Schäfchen zählen

Das viel zitierte „Schäfchen zählen" sei längst überholt, heißt es vonseiten der Schlafforscher. Viel leichter fände man in den Schlaf, wenn man sich entspannende Situationen vorstelle. Schöne Landschaften etwa oder einen Sonnenuntergang am Meer. Experimentieren Sie einfach, mit welchen Bildern Sie leichter in den Schlaf finden, und wenn Ihnen das „Schäfchen zählen" doch besser hilft, dann bleiben Sie dabei. Eine Methode, die ich immer wieder sehr hilfreich fand, war eine ganz andere Zählmethode, nämlich die Tausender-Rückwärtszählung. Man beginnt mit 1000 und zählt dann rückwärts bis Null. Ich bin nie weiter als bis 976 gekommen!

Bitte nicht ärgern!

Gut wäre es, sich nicht zu sehr darüber zu ärgern, wenn man schlaflos im Bett liegt. Denn wenn man sich darüber ärgert, gerät man in einen Teufelskreis und kann erst recht nicht mehr einschlafen. Schlafforscher empfehlen, in so einem Fall das Bett zu verlassen und sich anderen Tätigkeiten zu widmen.

Entspannungstechniken

Meistens liegt man genau dann schlaflos im Bett, wenn am nächsten Tag ein heikler Termin wartet. Nervosität, Anspannung und Endlosgrübelei vereiteln den Schlaf. Entspannungsübungen können helfen, sich auch in solchen Situationen selbst zur Ruhe zu bringen. Atemübungen aus dem Yoga, Muskelentspannung nach Jacobsen und Autogenes Training sind mögliche Wege, sich selbst zu beruhigen und in den Schlaf zu finden. Viele Entspannungs-CDs bieten Fantasiereisen oder einfach nur harmonische Klänge. Auch ein heißes Bad bringt Ruhe und hilft beim Einschlafen. Mit einigen Tropfen ätherischer Öle versetzt, wirkt der Wohlgeruch zusätzlich entspannend. Öle aus der Kamille, Lavendel, Rose, Sandelholz, Majoran, Ylang Ylang, Jasmin oder Narzisse sollen einschlaffördernd wirken. Sie eignen sich auch gut als Raumduft.

Hilfe, ich kann nicht schlafen!

Mein ganz persönlicher Nicht-Schlaf: Ich schlafe grundsätzlich sehr gut, zähle mich jedoch selbst zu den „Einschlafmimosen". Damit ich einschlafen kann, brauche ich absolute Ruhe. Zu Hause habe ich mit dem Einschlafen so gut wie keine Probleme, denn ich lebe glücklicherweise in einer ruhigen Gegend. Doch kaum bin ich an einem fremden Ort, ändert sich das schlagartig. So habe ich die Angewohnheit, die erste Nacht in einem fremden Bett nicht oder nur schlecht zu schlafen. Ich rate allen, denen es vielleicht ähnlich geht, zu Ohropax, Bachblüten-Notfalltropfen und Baldriankapseln.

Den Wecker austricksen

Mein Ruhebedürfnis darf beim Einschlafen nicht einmal vom Weckerticken gestört werden. Ich bin im Besitz eines tickfreien Weckers und bevorzuge es, immer ein paar Minuten vor dem Weckerläuten aufzuwachen. Wie das geht? Ich nehme mir einfach beim Zubettgehen vor, ein paar Minuten vor dem Weckerläuten aufzuwachen, und meistens gelingt das auch. Das Vertrauen in meine rechtzeitige Aufwachfähigkeit geht jedoch nicht so weit, den Wecker ganz abzustellen, dafür schlafe ich einfach viel zu gerne. Und die Sorge, nicht rechtzeitig aufzuwachen, kann ebenso schlafstörend wirken. Besonders unangenehm kann es sich auswirken, wenn das Weckerläuten am Morgen unsanft den Tiefschlaf beendet. Egal ob man stundenmäßig genug geschlafen hat oder nicht, wer in der „falschen Phase" geweckt wird, fühlt sich nach dem Aufwachen oft wie zerschlagen. Versuchen Sie selbst einmal, den Wecker auszutricksen. Es kann dabei helfen, gut in den Tag zu starten.

Lesen ist Trumpf!

Mein absolutes Lieblingseinschlafritual ist das Lesen. Ich bin eine Vielleserin und so stapeln sich auf meinem Nachttisch gleich mehrere Bücher. Meistens schaffe ich nur ein paar Seiten und schlafe über dem geschriebenen Wort ein. Es ist ein besonders sanftes Hinübergleiten in den Schlaf, denn ich liege ja schon im Bett. Mein Körper ist bereits in Schlafposition und mein Gehirn lässt sich schön langsam dazu überreden, dass wir alle miteinander müde sind. Die Buchstaben verschwimmen immer wieder, nur noch ein paar Zeilen, zzzzzz … und schon bin ich eingeschlafen.

Gute-Nacht-Geschichten zum Einschlafen

Sich vor dem Schlafengehen eine Geschichte zu wünschen, gehört zum Einschlafritual vieler Kinder. Was als Kind funktioniert hat, das ist auch bei den Erwachsenen möglich: den Schlaf durch eine Gute-Nacht-Geschichte „herbeizulesen". Der positive Inhalt und das gute Ende einer Erzählung oder eines Märchens setzen sich im Schlaf fort und versüßen die Träume.

Die Inhalte, mit denen wir uns kurz vor dem Einschlafen beschäftigen, wirken im Schlaf nach. Je entspannter wir einschlafen, desto besser schlafen wir auch durch. So hat es eine besonders beruhigende Wirkung, wenn sich „die Großen" vor dem Einschlafen gegenseitig etwas vorlesen. Die liebevolle Zuwendung schwingt beim Erzählen über die Stimme mit, ein Gefühl von Geborgenheit stellt sich ein. Jede vorgelesene Geschichte wird zum persönlichen Geschenk an den Partner. Das Lesen und Vorlesen von Geschichten wirkt sich also positiv auf den Schlaf aus. Der Verstand lässt sich zähmen, denn die Augen müssen Buchstaben auflesen und in Form von Worten und ganzen Sätzen an das Gehirn weitergeben.

Die Umsetzung der Märchen in Bildern sieht bei jedem Menschen anders aus. Und das ist das besonders Schöne am Lesen, die eigene Fantasie wird angeregt. Im Märchen wird gezaubert, geflogen, Dinge bekommen ein Eigenleben und Tiere können sprechen. Das Eintauchen in die Märchenwelt, in der ganz andere Gesetze herrschen, ist wie das Abgleiten in einen Traum.

Auf leisen Sohlen kommt der Schlaf durch die Buchzeilen geschlichen. Und mit ihm dieser heilige Moment, wenn man beim Lesen einnickt, versucht weiterzulesen, nur um sich schließlich dem Schlaf zu ergeben. Der Schlaf und das geschriebene Wort sind Verbündete.

Der biblische und der mythologische Schlaf

Schon in der Bibel steht, dass Gott die Nacht erschaffen hat, und es war gut so! Und während Adam schlief, wurde von Gott aus einer Rippe und etwas Lehm Eva geformt.

Doch mahnt die Bibel auch davor, sich dem Schlaf zu sehr hinzugeben. So heißt es im Alten Testament:

„Liebe den Schlaf nicht,
dass du nicht arm werdest;
lass deine Augen wacker sein,
so wirst du Brot genug haben."
Sprüche 20,13

So war es wohl nicht verwunderlich, dass sich die Menschen früherer Zeiten den Schlaf oftmals mit allen Mitteln verweigern wollten. Asketen kennen keinen Schmerz, sollte man meinen, und so wurden vielfach Steine statt Kopfkissen benutzt, um nur ja nicht zu viel Zeit an den Schlaf zu verlieren.

Der Schlaf in der Mythologie

Der Schlaf war seit jeher etwas Geheimnisvolles für die Menschen. Sie versuchten, sich diesen – meist nächtlichen – Zustand zu erklären, und ersonnen viele Geschichten und Mythen rund um den Schlaf.

Der Schlaf wurde gern als göttliche Gabe gesehen. So glaubte man in der Antike an folgende Entstehungsgeschichte: Die Zeit

war ursprünglich in zwei Phasen eingeteilt. In eine aktive und eine passive. In der hellen Phase sollten die Menschen aktiv sein und in der dunklen Phase war es vorgesehen zu ruhen. Den Schlaf gab es noch nicht. Doch wie die Menschen nun einmal so sind, hielten sie sich nicht an die Gebote des Göttervaters Jupiter. Immer mehr wurde die Nacht zum Tag gemacht und umgekehrt. Die Menschen arbeiteten, stritten, machten Lärm – und all das störte auch die nächtliche Ruhe der Götter. Um die Ordnung auf der Erde aufrechtzuerhalten, musste Jupiter schließlich eingreifen. So beauftragte er den Schlafgott Somnus, Sohn der Göttin Nox (Nacht) und des Gottes Erebus (Finsternis), für die Nachtruhe auf der Erde zu sorgen. Somnus wurde mit dem „Generalschlüssel" für die Augen der Menschen ausgestattet sowie mit Flügeln, damit er sich so leise wie möglich annähern konnte und ihn niemand dabei hörte, wenn er den Schlaf brachte. Jupiter braute noch einen besonderen Schlaftrunk für die Menschen, der eine Prise Todeskraut enthielt. Doch auch die Zutaten Lust und Sicherheit fanden Eingang in den Trunk. Angenehm erholt sollten die Menschen aus dem Schlaf erwachen. Der Hauch des Todes ließ die Körper erschlaffen und in den Schlaf sinken. Die Lust sollte die Leidenschaften der Menschen beflügeln, von denen sie in der Nacht träumen durften. Die Sicherheit schenkte Geborgenheit im Schlaf, und sich in die Arme des Schlafgottes zu begeben beflügelte die Seelen. Es heißt, dass sich die Menschen seither über den Schlaf freuen, und ihn lieben und verehren, indem sie sich jeden Abend (meist) freiwillig zur Ruhe begeben. Schlafgott Somnus hilft ihnen dabei, sanft in das Reich der Träume zu gleiten.

Seine Entsprechung in der griechischen Mythologie ist „Hypnos" – der Gott des Schlafes. Sein Zwillingsbruder Thanatos bringt den Tod. Hypnos hat einen Sohn, und dieser bringt der Sage nach die Träume: Morpheus, ein Vorfahre des heutigen Sandmannes. Auch diese Sagenfigur ist dafür bekannt, dass sie den Menschen den Schlaf und süße Träume bringt. Und Hypnos hat selbst Macht über den Göttervater Zeus, denn auch ihn vermag er einzuschläfern.

Einer jüdischen Sage zufolge teilte sich Gott den Tag und die Nacht mit der Erde, um die Menschheit ausreichend zu versorgen. Denn als Gott die Menschen erschuf und diese sich vermehrten, da erschrak die Erde und war nicht sicher, ob sie den menschlichen Nachwuchs auf Dauer auch ernähren könnte. Es wurde vereinbart, dass die Erde die Menschen am Tage nähre, und Gott sich um die nächtliche Versorgung kümmere. So kam es zum Wechsel von Tag und Nacht und die Menschen mussten schlafen, damit sie in der Nacht die göttliche Seelennahrung aufnehmen konnten.

In China vergleicht man den Schlaf mit einem „dunklen süßen Dorf". Der Schlaf wird als perfekter Zustand gesehen, in dem die Menschen eins sind mit dem Schöpfer, ein Zustand, in dem sie sich geborgen und zu Hause fühlen in ihrem „dunklen süßen Dorf".

Die Upanischaden, die altindischen „Texte der Weisheit", beschreiben gerade die Schlafphasen als wesentlich, welche frei von Träumen sind: „Wenn man tief schläft, ruhig und heiter, und keinen Traum sieht, das ist das Selbst, das ist das Unsterbliche, Furchtlose, das ist Brahma."

Götter schlafen nicht

Den Schlaf zu bezwingen galt in vielen Kulturen als Heldentat und sollte die „Wachen" zu spirituellen Erfahrungen führen. Wach zu bleiben galt als Zeichen der Stärke. Auf der Suche nach der Unsterblichkeit sollte der mesopotamische Held Gilgamesch sechs Tage und Nächte lang wachen. Doch der Schlaf war stärker als Gilgamesch und so blieb ihm nichts anderes übrig, als zu den Sterblichen zurückzukehren.

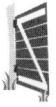

Der Schlaf im Märchen

Wer kennt es nicht, das schlafende Dornröschen, das nach hundert Jahren durch den Kuss des Prinzen erwacht? Der Schlaf im Märchen ist das Symbol des Unbewussten, des Übergangs, der Wendezeit. Wer schläft, spürt keinen Schmerz, wer schläft, dem kann die Welt nichts anhaben. Im Fall von Dornröschen wird die Verwandtschaft zwischen Tod und Schlaf spürbar. Die „böse" 13. Fee, die nicht zum Fest geladen war, wünscht Dornröschen den Tod, die zwölfte Fee, die ihren Wunsch noch nicht ausgesprochen hat, kann diesen Fluch zwar nicht gänzlich aufheben, jedoch den Tod in einen hundertjährigen Schlaf verwandeln. Der Kuss des Prinzen erlöst die Prinzessin, bringt sie ins Leben zurück. Das Mädchen „erwacht" zur Frau.

Dornröschen schlief und Schneewittchen lag nach dem vergifteten Apfelbiss im Koma. Auch eine Form von Schlaf im Märchen. Als den Zwergen der Glassarg beim Tragen entgleitet, spuckt die Schöne den vergifteten Bissen wieder aus. Es gibt viele Deutungen, aber eines ist sicher, es geht um den Prozess des Erwachsenwerdens. Das Aufwachen, das Bewusstwerden, am Leben sein, teilhaben, sich nicht mehr hinter den sieben Bergen bei den sieben Zwergen verstecken zu müssen, nicht mehr leblos im Glassarg zu liegen.

Die Prinzessin auf der Erbse hat ein etwas anderes Problem, denn sie kann ganz und gar nicht gut schlafen. Es hat etwas mit ihrer Empfindlichkeit zu tun, die sie als Prinzessin auszeichnet. Zeige mir wie du schläfst, und ich sage dir wer du bist!

Der Schlaf ist im Märchen immer als eine Übergangs- oder Entwicklungsphase zu deuten. Die Mann-Frau-Beziehung spielt dabei meistens eine wichtige Rolle. Doch sind es immer auch die verschiedenen Anteile in uns selbst, die uns – wenn wir sie erkennen – erwachen lassen. Die Worte „erwachen" und „erwachsen" klingen nicht nur gleich, sondern haben auch ähnliche Bedeutungen. Es ist eine Art Initiation, die passiert, wenn die Märchenfigur schließlich erwacht, alles ist gut und meistens wird geheiratet.

Aufzuwachen bedeutet im Märchen immer, die Erlösung gefunden zu haben. Übersetzen wir dieses Aufwachen in unseren Alltag, dann könnte man meinen, wer sich selbst erkannt hat, der hat sich damit auch selbst erlöst.

Und wer weiß, wie lange Dornröschen schon wach lag und einfach nur mehr darauf wartete, dass der „richtige" Prinz dahergeritten kam. Lesen Sie dazu mehr im Märchenteil des Buches!

Der Siebenschläfertag

Dieser Tag hat nichts mit den putzigen nachtaktiven Siebenschläfern zu tun, sondern geht auf eine Heiligenlegende zurück. Als Siebenschläfertag ist der 27. Juni bekannt. Er wurde zum Gedenktag für die „sieben Schläfer von Ephesus". Der Legende nach wurden zur Zeit der Christenverfolgung unter Kaiser Decius im Jahr 251 sieben junge Christen in einer Berghöhle eingemauert. Es hieß, dass diese Christen in der Höhle nicht starben, sondern nach rund 200 Jahren wieder aufwachten, als sie am 27. Juni im Jahr 446 entdeckt wurden. Sogar die Namen der Schläfer sind überliefert: Serapion, Dionysius, Martinianus, Johannes, Constantinus, Malchus und Maximus.

Noch heute ist der Siebenschläfertag als Lostag bekannt. Es gibt dazu einige Bauernregeln, die sich natürlich um das Wetter ranken:

„Regnet es am Siebenschläfertag, der Regen sieben Wochen nicht weichen mag!"

„Ist der Siebenschläfertag nass, regnet's ohne Unterlass!"

„Ist Siebenschläfer ein Regentag, regnet's noch sieben Wochen nach!"

„Das Wetter am Siebenschläfertag sieben Wochen bleiben mag!"

Genau genommen ist durch die gregorianische Kalenderreform im Jahr 1582 der Siebenschläfertag an einem ganz anderen Tag zu suchen. Nämlich am 7. Juli, denn die Korrektur des Julianischen Kalenders verlängerte das Jahr im Oktober 1582 um zehn Tage. So müsste man diesen Lostag auch um zehn Tage nach hinten verschieben.

Der traumhafte Schlaf

Glaubt man der modernen Schlafforschung, dann sind Träume sehr wichtig, denn sie sorgen dafür, dass das Gehirn die Inhalte des tagtäglich Erlebten in der Nacht verarbeiten und einordnen kann. Aber Träume sind noch viel mehr. Wer sich an seine Träume erinnert, der weiß, wie sinnlich, erhellend, bedrückend und schweißtreibend manche davon sein können. Von Vorahnungen, intuitiven Träumen und vielem mehr berichten Menschen und legen oft großen Wert auf ihre Trauminhalte.

Griechische Heilschlaftempel

Schon Hippokrates ging davon aus, dass Träume wichtige Informationen liefern und dass durch diese sogar Krankheiten geheilt werden können. So entwickelten sich im alten Griechenland Traumstätten zum Heilwerden im Schlaf. In die Tempelanlagen namens „Asklepieia" kamen die Menschen, um mithilfe ihrer Träume wieder gesund zu werden. Der griechische Gott der Heilkunst gab diesen Schlafstätten ihren Namen.

Unter dem Heilschlafraum befand sich eine Schlangengrube. Die Schlangen galten als Symbol der Erdgottheit und sollten die Heilung unterstützen. Noch heute ziert den Stab der Mediziner und Apotheker die Äskulap-Natter.

Geträumt wird immer

Eine Art des Träumens ist das „luzide Träumen", eine Möglichkeit, im Traum das Geschehen selbst zu steuern. Diese individuellen Träumereien sollen trainierbar sein und dabei helfen, im Schlaf

Verhaltensweisen einzuüben. So wird dieses „Traumtraining"
auch von Spitzensportlern angewendet. Manche Menschen tun
sich jedoch schon schwer damit, sich ihre „normalen" Träume zu
merken. Andere meinen, sie träumten überhaupt nicht, was aber
nicht stimmt, denn geträumt wird immer. Schlafforscher fanden
heraus, dass sich Träume nicht ausschließlich in den REM-Phasen
abspielen. Denn auch in den Non-REM-Phasen träumen wir. Die
Inhalte sind jedoch unterschiedlich, denn in den REM-Phasen wird
das Erlebte vom Tag verarbeitet und in den Non-REM-Phasen
spielen sich Träume ab, in denen es um gänzlich neue Inhalte geht.

Traumdeutung

Der Deutung von Träumen wurde seit jeher großer Stellenwert
eingeräumt. Schon in der Bibel werden Trauminhalte erwähnt, und
in allen geschichtlichen Epochen beschäftigte sich die Menschheit
mit ihren Träumen. Sigmund Freud und Carl Gustav Jung sind
jüngere Vertreter der Interpretation von Traumbildern. Denn auch
die Psychologie hat den Traum schon lange Zeit für sich entdeckt.
Jeder Mensch hat einen eigenen Zugang zu seiner Traumwelt,
einer imaginären Ebene, in der Gefühle empfunden und Handlun-
gen erlebt werden. Oft begleiten uns Träume über den Tag hinweg,
beflügeln uns oder machen uns Angst. Über die Traumsymbolik
versucht man, die Bilder zu deuten. Die Traumhandlung spielt eine
große Rolle, der Traum als Ganzes will gedeutet werden. Gut wäre
es, die Träume sofort nach dem Aufwachen zu notieren, ein
Traumtagebuch gibt einen Überblick. Denn manchmal werden die
Zusammenhänge erst im Nachhinein klar. Und wenn man die
Trauminhalte nicht gleich aufschreibt, dann verschwinden sie
meist nach dem Aufstehen im alltäglichen Geschehen. Doch hin
und wieder kommen vergessene Träume der Nacht am Tag wieder
zum Vorschein. Eine kleine Handlung, ein Satz, ein Lied, eine Be-
gegnung, und schon kann man sich ganz plötzlich wieder an die
Traumhandlung erinnern.

Die Drud bringt die Albträume

So schön der Schlaf sein kann, so schrecklich können Albträume in Erinnerung bleiben. Für die Gründe dieser schlimmen Träume gibt es vielfältige Ursachen. Sie reichen von Stress, Krankheiten und Schnarchen bis hin zu Angst, Depressionen oder traumatischen Erlebnissen. Aber auch unverarbeitete Bilder aus Horror- und Gruselfilmen können Albträume auslösen. Albträume sind so alt wie die Menschheit und so haben sich schon viele Generationen vor uns Gedanken darüber gemacht, wo diese Träume wohl herkommen könnten.

Von den Germanen ist die Gottheit „Drud" oder „Trud" bekannt, die ursprünglich für Kraft und Stärke stand. Im Mittelalter wurde dieser Begriff schließlich mit der Bedeutung „Hexe" und „Zauberin" gleichgesetzt. In vielen Märchen und Sagen bringt die „Drud" in den Vollmondnächten Albträume, Krankheit und Tod. Bekannt ist auch das Bild der „Drud", die sich dem Schlafenden auf die Brust setzt und so den „Albdruck" auslöst.

Viele Bräuche und Riten entstanden zur Abwehr der „Drud". Heute noch bekannt ist der „Drudenfuß", das Pentagramm. Dieser fünfzackige Stern wurde zum Schutz mit geweihter Kreide unter das Bett gezeichnet. Damit wollte man auch verhindern, dass schlafende Kinder von der „Drud" entführt oder vertauscht wurden.

Ein Drudenstein sollte ebenfalls für Schutz sorgen: Dieser möglichst runde Kalkstein hatte in der Mitte ein Loch und wurde mithilfe einer Schnur über dem Bett oder an der Wiege angebracht. Eine weitere Möglichkeit waren gekreuzte Messer, die über der Schlafzimmertür befestigt wurden und somit die „Drud" am

Eintreten hindern sollten. Was heute noch an den Drud-Mythos erinnert, sind die meist fünfzackigen Sterne auf Bettwäsche und Vorhängen.

Im Mittelalter glaubte man auch an ein Phänomen namens „Succubus" oder „Incubus", was so viel wie Schlaflähmung oder Albdruck bedeutet. Man stellte sich vor, dass sich böse Geister auf die Brust des Schläfers setzten und diesem dadurch schreckliche Träume bescherten und die Lebensenergie aussaugten. Man glaubte auch, dass sich diese Dämonen in der Nacht mit den schlafenden Menschen paarten. Wurden Kinder mit Behinderungen geboren, fand man den Grund dafür beim Besuch der Schwangeren durch einen nächtlichen Dämon. Der Begriff des „Wechselbalgs" stand in engem Zusammenhang mit diesem Aberglauben.

Im Wort „Albtraum" steckt der „Alb", der eigentlich mit „Elf" übersetzt werden kann. Doch gibt es in der Mythologie sowohl dunkle als auch helle Elfen. Der Dunkelelf stand wohl Pate für den Albtraum. Aber auch den „Alptraum" kennen wir, in dieser Schreibweise erinnert das Wort an die Alpmutter, einen weiblichen Alpgeist, der als buckliges Weiblein umgeht. Begleitet von ihren Kobolden schleicht die Alpmutter um Alphütten und Bauernhöfe.

Märchen

Schäfchen erzählen

Der König und der Schäfer

Es war einmal … ein König, der konnte in der Nacht nicht schlafen. Was hatte er bereits alles versucht, um Schlaf zu finden, doch es wollte und wollte nicht klappen mit dem Einschlafen. Der Hofstaat tagte, Wunderdoktoren wurden bestellt, weise Herren aus fernen Ländern kamen angereist, doch nichts, rein gar nichts konnte dem König helfen.

So schleppte er sich müde durch den Tag und versuchte, sein Land zu regieren. Immer wieder schlief er auf dem Thron ein und sein Hofnarr musste ihn anstupsen, wenn er wieder einmal laut zu schnarchen begann.

Man könnte meinen, ein König kann machen, was er will, und schlafen wann und wo er will. Doch wollte dieser Herrscher sein Schlafproblem loswerden, um endlich wieder einmal frisch und munter des Morgens aus seiner königlichen Bettstatt zu treten.

So rief er eine Belohnung aus für denjenigen, der ihm in der Nacht zu einem guten Schlaf verhelfen würde. Die Herolde des Königs ritten mit der Kunde durchs Land, doch hatten die Menschen Angst, etwas falsch zu machen und sich damit den Zorn des Herrschers zuzuziehen. Niemand wagte es, mit einem Vorschlag vorstellig zu werden. Niemand, außer einem alten Schäfer, der dem König sein Geheimnis verraten wollte.

Der Landesherr war ziemlich enttäuscht. Nur ein einziger alter Mann hatte sich gemeldet, um ihn von seiner Schlaflosigkeit zu befreien, aber immerhin, einer war besser als keiner.

So wurde der Alte zum König vorgelassen und befragt.

„Welches Mittel kennst du, das mir helfen könnte, meinen wohl verdienten Schlaf zu finden?"

Der Alte grinste verschmitzt und antwortete: „Mein König, es ist ganz einfach, ich zähle jeden Abend meine Schafe und werde dabei so müde, dass ich meistens schon vor dem 30. Schaf eingeschlafen bin."

„Schafe zählen? Mit so einer Banalität kommst du zu mir und belästigst mich?", der König wurde wütend.

„Wenn deine Methode nicht funktioniert, dann soll dich deine Frechheit den Kopf kosten!"

Es war schon ein Jammer mit diesem König. Seine vielen schlaflosen Nächte hatten ihn so mürrisch gemacht, dass er ungerecht wurde und nur noch schimpfte und Galle spuckte.

Doch der alte Schäfer war guter Dinge. Er war sich sicher, dass seine Methode helfen würde.

„Bringt mir sofort hundert Schafe in den Palast!", rief der König erzürnt.

Binnen weniger Stunden war der Palasthof voller Schafe. Es gab weiße, braune und schwarze Schafe. Eine bunte Mischung. Und alle blökten sie wild durcheinander, weil ihnen die Umgebung fremd war und sie kein Gras zum Fressen fanden.

Der König verlor schon vor dem Schäfchenzählen die Nerven.

„Wie soll ich denn einschlafen können – bei diesem Höllenlärm?"

Der Alte meldete sich zu Wort: „Mein König, wenn Ihr gestattet, so darf ich Euch einen Vorschlag machen. Begleitet mich auf die Weide, dann werden wir gemeinsam Schafe zählen, und Ihr werdet dabei einschlafen, das verspreche ich Euch!"

Der König war so verzweifelt, dass ihm alles egal war. So begab er sich mit dem Schäfer zu dessen Hütte. Sie setzten sich auf eine hölzerne Bank und der Schäfer pfiff nach seinem Hirtenhund. Dieser scheuchte brav die Schafherde herbei. An einer gewissen Stelle mussten die Schafe über einen großen Baumstamm springen.

„Da, seht, ehrwürdiger König, jetzt hüpfen die Schafe über den Baumstamm, so könnt Ihr sie gut zählen!"

Der König gab sich alle Mühe und begann zu zählen. Eins ... ein weißes Schaf ... zwei ... ein Braunes mit schwarzen wuscheligen Ohren ... drei ... Eines nach dem anderem sprang über den Baumstamm. Es waren wirklich viele Schafe und der König zählte und zählte. Beim Schaf Nummer 37 kippte er von der Holzbank und fand endlich Schlaf. Der Schäfer war schon vor ihm eingeschlafen und so schnarchten die beiden Männer bis in die frühen Morgenstunden.

Als der König erwachte, konnte er sein Glück kaum fassen. Zum ersten Mal seit langer Zeit hatte er wieder eine ganze Nacht durchgeschlafen und fühlte sich putzmunter. So dankte er dem Schäfer von ganzem Herzen und entschuldigte sich für seine rüde Art. Doch der Schäfer konnte ihn verstehen, denn nichts ist schlimmer, als keinen Schlaf zu finden. Dieser Mangel zerfrisst den Geist und macht die Menschen wirr. Doch was sollte der König in den folgenden Nächten machen? Er konnte doch nicht jeden Tag auf der Weide bei dem Schäfer übernachten. Und schon wieder hatte der Alte eine Idee. Er riet dem König, sich die Schäfchen vorzustellen, wie sie über den Baumstamm hüpften. Ob das funktionieren würde? Der König war skeptisch.

In der nächsten Nacht wollte er gleich mit dem imaginären Schäfchenzählen beginnen. Und ja, es brachte ihm wirklich wieder den ersehnten Schlaf. Der König war glücklich und zufrieden und der Schäfer bekam eine fette Belohnung für seinen guten Rat und seine Schäfchen durften ab sofort auf den saftigsten Wiesen des Königreichs weiden.

Ab diesem Zeitpunkt konnte der König jede Nacht gut einschlafen. Manchmal brauchte es dafür nur zehn Schafe und ein anderes Mal wieder über 50.

Und wenn er nicht gestorben ist, dann zählt der König noch heute seine Schäfchen und schläft mit dieser einfachen Einschlafhilfe glücklich und zufrieden jede Nacht durch.

Das schlaue Schäfchen

Es war einmal ein Mann … der zählte jeden Abend vor dem Einschlafen in Gedanken seine Schäfchen. Und weil es ihm lustig war, gab er den Schäfchen Nummern und Namen. Und weil er ein sparsamer Mensch war, hatte er nur zehn Schäfchen, die er immer und immer wieder gedanklich über einen Weidezaun springen ließ.

Doch eines schönen Tages funktionierte das Schäfchenzählen nicht mehr. Er zählte sogar bis Tausend, gab dann missmutig auf und wälzte sich schlaflos in seinem Bett herum.

Über die Jahre hatte der Mann, der übrigens Stanislaus hieß, seine Schäfchen lieb gewonnen. Und man möchte es nicht für möglich halten, auch die imaginären Schäfchen entwickelten eine Beziehung zu ihrem Zähler. Die zehn Schäfchen hatten unterschiedliche Eigenschaften. Das Schäfchen mit der Nummer fünf war besonders keck und voller Ideen. Bis jetzt hatte es noch nie die Gelegenheit bekommen, sich bei dem zählenden Mann bemerkbar zu machen, doch das sollte sich bald ändern.

Eines Nachts kam der Schlaf erst wieder nach dem tausendsten Schaf. Das Schäfchen Nummer fünf war es müde, so endlos oft über den Weidezaun zu springen, denn seit der Mann echte Einschlafprobleme hatte, waren die zehn Schafe ganz schön gefordert. Bei tausend gezählten Schafen bedeutete das für jedes einzelne hundert Sprünge! Und das in nur einer Nacht! Die Schafe waren schon sehr erschöpft und beschwerten sich: „Warum stellt er sich denn nicht eine größere Herde vor?", oder „Früher schlief er doch schon immer bei Schaf Nummer sieben ein!"

Schaf Nummer fünf hatte eine Idee. Anstatt sich zu beschweren, sprang es in einen Traum des Mannes und flüsterte ihm ins Ohr:

„Lieber Stanislaus, ich bin's, dein Schaf Nummer fünf! Ich bin gekommen, um dir einen guten Schlaf-Tipp zu geben. Wir Schafe merken, dass dir das Schäfchenzählen alleine nicht mehr hilft, um einschlafen zu können. So geben wir dir einen guten Rat: Spring doch in Zukunft selbst vor dem Einschlafen hundert Mal über einen Weidezaun, du wirst sehen, du bist dann so müde, dass du nicht einmal mehr zum Schäfchenzählen kommst!"

Als der Mann am nächsten Tag erwachte, fiel ihm der Traum wieder ein, in dem sein Schäfchen Nummer fünf vorgekommen war. Hatte es wirklich zu ihm gesprochen? Ach ja, da war doch was, mit einem Tipp zum besser Einschlafen. Über einen Weidezaun sollte er springen. Was für eine verrückte Idee!

Doch den ganzen Tag über fiel ihm dieser seltsame Traum immer wieder ein. „Die Schäfchen werden es wohl wissen", dachte er. „Immerhin sind sie Experten in Sachen Einschlafen!". So kaufte er im Baumarkt ein kleines Stück Jägerzaun, denn der Weidezaun wäre ihm eindeutig zu hoch gewesen. Und diesen Jägerzaun stellte er bei sich im Garten auf.

Jeden Nachmittag begab er sich vor dem Zubettgehen noch einmal ins Freie und sprang 100 Mal über den Jägerzaun. Eine wirklich tolle Leistung, die dazu führte, dass Stanislaus fortan selig einschlafen konnte und seine Schäfchen wieder ihre gewohnte Anzahl an Sprüngen absolvierten.

Das schwarze Schaf

Es war einmal … ein schwarzes Schaf, das wollte weiß sein. Das war nicht sonderlich neu, dass schwarze Schafe weiß sein wollen und sich immer etwas benachteiligt fühlen. Denn es war das einzige schwarze Schaf in seiner Herde und anders zu sein, war nicht gerade angenehm. Spott und Hohn musste das schwarze Schaf ertragen und richtige Freunde hatte es auch keine finden können.

„Sieh es doch ein!", sagte das Mutterschaf. „Du bist und bleibst schwarz!"

Doch das schwarze Schaf wollte das nicht glauben. So machte es sich auf die Wanderschaft, um Möglichkeiten zu finden, seine Fellfarbe zu ändern.

Auf dem Weg traf es eine weiße Maus und grüßte diese freundlich.

„Bist du schön weiß!", sagte das Schaf.

„Ach, weißt du, ich wäre viel lieber grau-braun, so wie meine anderen Familienmitglieder, die sind viel besser getarnt als ich und ihnen tut auch die Sonne in den Augen nicht so weh wie mir!"

Als das Schaf genauer hin sah, da entdeckte es, dass das Mäuschen ganz rote Äuglein hatte.

„Möchtest du mit mir mitkommen? Du kannst dich, wenn die Sonne scheint, in meinem schwarzen Fell verkriechen und bist geschützt!"

„Ja, das ist eine gute Idee! Ich habe noch nie eine Reise auf einem Schaf unternommen! Darf ich fragen, wo dich dein Weg hinführt?"

„Das weiß ich noch nicht so genau, ich weiß nur, dass ich auf Dauer kein schwarzes Schaf mehr sein will!"

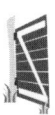

Das Mäuschen kletterte auf den Rücken des Schafes und so ging die Reise zu zweit weiter.

„Ach, wäre das schön, wenn wir die Farben tauschen könnten", philosophierte das Mäuschen auf dem Rücken des Schafes.

„Ja, das wäre fein, da wäre uns beiden geholfen!"

„Weißt du was, ich kenne eine weise Eule, sie wohnt nicht weit von hier, vielleicht kann sie uns helfen?"

„Ja, aber ich denke, dass Eulen ganz heiß auf Mäuse sind, auch auf weiße! Hast du keine Angst, dass du gefressen wirst?"

„Nein, nein", sagte das Mäuschen und lächelte. „Diese Eule ist nicht nur weise, sondern auch Vegetarierin, das habe ich von meiner Tante erfahren!"

So ging die Reise weiter in Richtung Eulenbaum. Das schwarze Schaf war begeistert, alles, wirklich alles würde es tun, um seine Farbe verändern zu können.

Nach einiger Zeit rief die Maus: „Schau, da vorne, da wohnt die Eule!"

Das Schaf musste sich wundern, denn was es jetzt sah, war mehr als merkwürdig. Dieses „da vorne", das die Maus gemeint hatte, musste die große Eiche sein, die mitten auf einer Lichtung stand. Doch vor dieser Eiche hatte sich eine lange Warteschlange von Tieren gebildet.

„Was machen denn die vielen Tiere hier?", fragte das Schaf irritiert.

„Die stellen sich an, um die Eule um Rat zu fragen!"

Ganz vorne sah das Schaf zwei Rehe, dann einen Hasen, einen Igel, einen Fuchs, ein Pferd, eine Kuh, einige Vögel, Hunde, Katzen, Frösche, alle stellten sich brav an und waren friedlich.

„Glaubst du, wollen diese Tiere auch alle ihre Farbe ändern?", fragte das Schaf.

„Ich weiß es nicht, frag' sie doch, wir haben jede Menge Zeit!", kicherte das Mäuschen.

Vor dem Schaf stand ein kleiner Dackel in der Reihe, der hatte ein wunderschönes und glänzendes braunes Fell. „Mal sehen, was den kleinen Hund zur Eule führt", dachte das Schaf und fragte gleich nach: „Hallo Dackel, warum gehst du denn zu der Eule?"

Der Dackel wedelte mit dem Schwanz: „Ich wünsche mir längere Beine, denn mit meinen kurzen Tretern komme ich nicht so schnell voran wie die anderen Hunde!"

Aha, der Dackel wollte also schneller laufen können. „Und du, kleines Eichhörnchen, was möchtest du die Eule fragen?"

„Ich möchte gerne fliegen können, so wie die Vögel es tun, denn wenn ich von Baum zu Baum springe, dann habe ich schon eine kleine Ahnung davon bekommen, wie es sein könnte, das Fliegen!"

„Und du, schillernder Enterich, was ist dein Begehr?"

„Mein Wunsch ist es, andere Füße zu bekommen, damit ich nicht mehr so daherwatscheln muss und einen eleganteren Gang bekomme."

Die meisten Tiere, die sich hier anstellten, waren mit ihrem Äußeren unzufrieden. Doch die Eule gab allen diesen Tieren denselben Rat: Jedes Tier ist in Ordnung, so wie es Gott erschaffen hat. Nichts muss geändert werden, alles ist gut, so wie es ist.

Als das Schaf an der Reihe war, da fand es diesen Rat nicht besonders hilfreich. „Eule, du hast ja keine Ahnung, wie es ist, ein schwarzes Schaf zu sein!", protestierte es.

Die Eule lächelte: „Nein, das habe ich nicht! Aber ich weiß, wie es ist, unzufrieden zu sein. Auch ich wollte einst so ein schönes weißes Gefieder wie die Schneeeulen haben und so gebrauchte ich meine Zauberkräfte und wurde auf der Stelle schneeweiß. Doch glücklich bin ich in dem weißen Federkleid auch nicht geworden. Ich versuchte es dann noch mit größeren Augen und zarteren Krallen. Bis ich endlich auf die Idee gekommen bin, dass ich genauso in Ordnung bin, wie ich erschaffen wurde."

„Ja, aber wie hast du das gemacht?"

„Ich habe aufgehört, auf die Meinungen der anderen zu hören! Und ich habe aufgehört, mich mit anderen zu vergleichen. Jedes Wesen auf der Welt ist einzigartig, ob es jetzt ein Schaf ist oder eine Maus. Und du sollst genauso schön schwarz bleiben, wie du bist!"

Die Maus lugte aus dem Schafspelz hervor: „Und was ist mit mir, soll ich auch so weiß bleiben, wie ich bin?"

„Ja, du auch kleine Maus!"

So trotteten Schaf und Maus wieder von dannen und ließen die Köpfe hängen.

„Und was machen wir jetzt?", fragte die Maus.

„Ich weiß es nicht!", sagte das Schaf.

„Wenn die Eule das geschafft hat, dann können wir das auch schaffen, dass wir so bleiben, wie wir sind!", meinte die Maus und das Schaf dachte nach.

Irgendwie hatte es schon etwas Heimweh nach seiner Herde bekommen und so beschloss das Schaf, nach Hause zu gehen. Die Maus kam gerne mit.

Von seiner Herde wurde das schwarze Schaf schon sehnlichst erwartet. Die Mutter hatte sich große Sorgen gemacht und auch die anderen Schafe waren traurig, weil das schwarze Schaf fehlte. So wurde ein großes Willkommensfest gefeiert und das schwarze Schaf freute sich, weil es spürte, dass es dazugehörte und ein Teil der Gemeinschaft war. Zusammen mit der weißen Maus erlebte es noch viele Abenteuer und lernte mit der Zeit, zufrieden zu sein mit sich und seinem Aussehen.

Schäfchen oder Teddybär?

Es war einmal … ein kleiner Junge, der konnte eines Abends nicht und nicht einschlafen. Seine Mama hatte ihm schon seine liebste Gute-Nacht-Geschichte vorgelesen und eine warme Milch mit Honig gab es auch noch. Normalerweise waren das die besten Hilfsmittel, um den Kleinen schnell einschlafen zu lassen, doch heute Abend nicht.

Am nächsten Tag stand der erste Schultag vor der Tür und dieser neue Lebensabschnitt machte dem Jungen ein wenig Angst. Schon oft hatte ihm die Mutter erklärt, dass die Schule etwas Tolles sei und dass er sich darauf freuen dürfe.

Doch trotzdem machte sich der Kleine große Sorgen, wie es denn da so sein würde in der Schule, ob die Lehrerin auch so nett wäre wie die Kindergartentante und so weiter. Die Mutter versuchte, den Sohn zu beruhigen und plötzlich fiel ihr etwas ein. Als sie selbst noch ein Kind war, da hatte ihr die Großmutter eine Übung gezeigt, mithilfe derer sie noch heute gut einschlafen konnte: Das Schäfchenzählen!

Es war ganz einfach, der Junge sollte sich vorstellen, wie eine Herde Schafe einzeln über ein Holzgatter sprang und die Schäfchen dabei zählen. So würde er sicherlich gut einschlafen können.

Der Kleine fand die Idee sehr lustig und wollte gleich damit beginnen. Nach einem weiteren liebevollen Gute-Nacht-Kuss der Mutter sollte es jetzt mit dem Einschlafen endlich klappen.

So schloss er seine Augen, um mit dem Schäfchenzählen anzufangen. Doch was war das? Die Wiese und das Gatter konnte er sich gut vorstellen, aber leider keine Schäfchen! Er wusste doch, wie Schafe aussahen, warum funktionierte das bloß nicht?

Wieder wurde nach der Mutter gerufen und diese schlug nun vor, dass sich der Junge einfach sein Lieblingstier vorstellen sollte, es mussten ja nicht unbedingt Schafe sein. Die Hauptsache war, dass er die Tiere zählen konnte und dabei sanft einschlief.

Wieder versuchte es der Junge und nachdem er sich erneut eine Wiese und ein Gatter vorgestellt hatte, kam jetzt sein Lieblingsteddy Bärli ins Spiel. Bärli war nicht sehr groß und etwas rundlich um den Bauch, und so schaffte es das kleine Kuscheltier leider nicht, über das Gatter zu springen. Wieder wurde die Mutter befragt und diese wusste auch diesmal Rat.

Ein Gatter konnte nämlich auch geöffnet werden und so war es für den Teddy jetzt ganz leicht, gemütlich hindurchzuspazieren. Beim nächsten Versuch klappte es. Der Junge stellte sich vor, wie sich unzählige Teddybärlis hinter dem Gatter aufstellten und einer nach dem anderen fröhlich durch das Gatter schritt. Jetzt wollte der Junge schon fast wieder nach seiner Mama rufen, denn er ging ja noch nicht zur Schule und konnte deshalb auch noch nicht weiter als bis zehn zählen. Doch als Teddybärli Nummer sieben durch das Gatter marschierte, war der Junge auch schon eingeschlafen.

Geschichten vom guten Schlaf

Die Schule des Schlafens

Es war einmal … eine junge Frau, die konnte nicht schlafen. Schon als Kind hatte sie Einschlafprobleme gehabt und das zog sich durch ihr ganzes Leben. Ständig war sie müde und unkonzentriert. Niemals fühlte sie sich fit und irgendwann reichte es ihr.

Sie hatte von der „Schule des Schlafens" gehört, einem Ort, der sich ganz und gar dem Schlaf widmen sollte. „Eine Legende", meinten die einen, „eine Blödheit" sagten die anderen, „ein Irrenhaus", bekräftigten wieder andere.

Doch egal was die Leute sagten, die Frau wollte die „Schule des Schlafens" besuchen und damit endlich guten Schlaf finden. Und wenn man etwas wirklich will und die Zeit dafür reif ist, dann kommen einem auch die Hinweise entgegen, die man braucht, um auf den richtigen Weg zu gelangen.

So lag die junge Frau eines Nachts wieder einmal hellwach in ihrem Bett und betrachtete den Sternenhimmel. Durch das offene Fenster kam plötzlich eine schneeweiße Leiter herein. Es war eine Himmelsleiter, denn die „Schule des Schlafens" befindet sich im Himmelszelt.

Die junge Frau zögerte nicht lange und kletterte über die Leiter bis in den Himmel hinauf. Hier wurde sie schon empfangen. Es war niemand geringerer als der Sandmann höchstpersönlich, der sie auf einer Himmelswolke erwartete und sie freudig begrüßte.

„Du willst also die Schule des Schlafens besuchen", sagte der Sandmann.

„Ja, das will ich, denn ich kann schon seit ich mich erinnere nicht gut schlafen und ich möchte lernen, wie man es richtig macht."

Der Sandmann schmunzelte: „Du kannst beim Schlafen nichts falsch machen, meine Liebe. Das Wichtigste ist, dass du den Tag los- und dich auf die Nacht einlässt. Ich sehe in dein Herz, und ich sehe große Angst. Doch sei gewiss, ihr Menschen seid im Schlaf behütet. Ich sehe nach dem Rechten, eure Schutzengel sind bei euch, denn der Schlaf ist eine heilige Zeit, in der ihr Menschen eure Körper ausruhen dürft und eure Seelen fliegen lassen könnt."

Die junge Frau machte große Augen. Sie hatte wirklich Angst vor der Dunkelheit, und vor dem Gedanken, sie würde eines Tages nicht mehr aufwachen und im Schlaf sterben.

So führte der Sandmann die Frau zu der Schule des Schlafens. Ein schlichtes Haus mit vielen Zimmern. In jedem Zimmer stand ein Bett mit einem Namen. Und in jedem Bett lag ein Mensch und schlief selig. Schließlich erreichten die beiden das Zimmer, in dem ein Bett mit dem Namen der jungen Frau stand. „Das ist dein Himmelbett! Du hast es noch nie benutzt."

Die junge Frau legte sich in das kuschelige Himmelbett und schlief auf der Stelle ein. Als sie am nächsten Morgen in ihrem eigenen Bett erwachte, da war ihr, als ob sie zum ersten Mal in ihrem Leben richtig geschlafen hätte.

Hatte sie die Geschichte mit der Himmelsleiter, dem Sandmann und dem Himmelbett nur geträumt? Sie wusste es nicht. Doch als sie sich am kommenden Abend zur Ruhe begab, da war etwas anders. Frei von Angst legte sie sich hin und verspürte im Moment des Einschlafens einen Luftzug. Der Sandmann war zu ihr gekommen, um seinen heilsamen Schlafsand zu verstreuen. Nachdem die Frau keine Angst mehr hatte, konnte der Schlafsand auch endlich seine Wirkung zeigen und ihr einen erholsamen Schlaf schenken.

So hatte der Besuch in der „Schule des Schlafens" dazu geführt, dass die junge Frau von nun an gut schlief. Sie besuchte sie nur ein einziges Mal, denn die Lektion, die sie zu lernen hatte, war ganz einfach. Sie hatte zu ihrem Urvertrauen zurückgefunden!

Der Sandmann

Es war einmal … eine Zeit, da kam der Sandmann auf die Erde, um den Menschen einen guten Schlaf zu bescheren. Jeden Tag streute er seinen feinen Sternensand über die Welt. So konnten alle Menschen besser schlafen und freuten sich schon auf die Nächte, die ihnen Erholung und schöne Träume bringen sollten.

Doch die Erde drehte sich weiter und die Nächte wurden immer kürzer. Die Menschen arbeiteten mehr, manche auch in der Nacht und der Sandmann hatte alle Hände voll zu tun, um auch weiterhin für einen guten Schlaf auf der Erde zu sorgen.

Eines Nachts bemerkte er, warum so viele der Menschen nicht mehr ebenso gut schlafen konnten wie früher, und warum sein Schlafsand nicht mehr zu wirken schien. Es gab mächtige Schlafräuber auf der Erde und diese versteckten sich direkt in den Wohnungen und Häusern der Menschen.

Es waren die Fernseher und Computer, die den Menschen den Schlaf raubten. Immer häufiger saßen die Erdenbewohner vor diesen Schirmen und ließen sich berieseln. Dabei vergaßen sie häufig, ins Bett zu gehen und schliefen oftmals gleich vor den Bildschirmen ein. Doch so lange die „Kiste" vor den Menschen flimmerte, so lange konnte auch der Schlafsand des Sandmanns nicht wirken.

Viele Erdenbürger ließen sich auch noch von ihren Handys den Schlaf rauben. Es gab immer mehr Schlafräuber auf der Erde und so heckte der Sandmann einen Plan aus.

Er begann, die Schlafräuber mit seinem Schlafsand zu füttern. Sie wurden selbst bald müde und gaben den Geist auf. Das gab natürlich ein großes Durcheinander auf der Erde, ohne Handys, Fernseher und Computer. Eine gefühlte Katastrophe war es für die

Menschheit, doch ein großer Fortschritt für die Schlafgesundheit. Und nicht nur das, die Menschen sprachen wieder mehr miteinander, lernten sich im wirklichen Leben kennen, nahmen sich in die Arme und verbrachten gemeinsam liebevolle Stunden in ihren Betten.

Der gesunde Schlaf hatte auf die Erde zurückgefunden. Die Menschen hatten wieder Zeit zum Träumen und begannen, sich Gedanken zu machen, wie sie die Welt in Zukunft verbessern konnten. Irgendwann gab es auch wieder Computer, Handys und Fernseher, doch wurden diese nicht mehr in den Mittelpunkt des Lebens gestellt.

Der Sandmann freute sich, denn wenn die Menschen gut schliefen und glücklich waren, dann war er es auch.

Der Seifenblasenmann

Es war einmal … eine Zeit, in der träumten alle Menschen und Tiere in Schwarz-Weiß. Doch eines Tages träumte ein kleines Mädchen von Erdbeeren. Es war im Winter, und so einen Traum von saftigen, reifen Erdbeeren merkt man sich ganz leicht. So intensiv der Traum in Erinnerung blieb, so fehlte doch das Erdbeerrot darin.

Das Mädchen wollte an diesem Abend den Sandmann befragen, wie es denn funktionieren könnte, Farbe in ihre Träume zu bekommen. Es war zu einer Zeit, in der die Kinder den Sandmann noch sehen konnten, wenn sie sich auf ihn freuten. Das Vergnügen war jedoch immer nur sehr kurz, denn sobald der Schlafsand ins Kinderzimmer gepustet wurde, schliefen die Kinder ganz schnell ein.

So wartete das Mädchen an jenem Abend auf den Sandmann und als dieser ins Zimmer geflogen kam, fragte sie ihn: „Lieber Sandmann, ich habe heute von leckeren Erdbeeren geträumt, aber leider fehlte den Früchten das Erdbeerrot! Wie kann ich in Farbe träumen, ich möchte, dass es bunt ist in meinen Träumen!"

Der Sandmann war überrascht. Auf diese Idee war er bis jetzt noch gar nicht gekommen. Noch nie hatte sich jemand über die Schwarz-Weiß-Träume beschwert.

„Weißt du was, liebes Mädchen, ich werde über deinen Wunsch nachdenken!"

Und so blies er den Zaubersand von seiner Hand und verschwand in der Dunkelheit der Nacht. Das Mädchen träumte in jener Nacht von Seifenblasen, doch schillerten diese nur grau in grau.

Als das Mädchen am nächsten Tag erwachte, fiel ihm der Seifenblasentraum wieder ein! Ja, so bunt wie Seifenblasen müssten

ihre Träume sein, das wäre fein! Am Abend sprach es wieder mit dem Sandmann über seine schillernde Idee: „Sandmann, lieber Sandmann, wir brauchen ganz viele Seifenblasen, damit wir endlich bunt träumen können!"

Der Sandmann lächelte und pustete das Mädchen in den Schlaf. Er bat seinen Freund, den Seifenblasenmann, um Unterstützung bei seinen Diensten auf der Erde. Der lustige Geselle flog ab sofort mit ihm rund um den Erdball und blies mit seinen vielen, vielen Seifenblasen farbenfrohe Träume zur Erde. In den schillerndsten Farben träumten die Menschen nun und freuten sich über ihre bunten Erlebnisse, die sie manchmal sogar mit in den Tag nehmen konnten.

Die meisten Menschen allerdings erinnern sich nicht an ihre Träume. Aber das störte den Seifenblasenmann überhaupt nicht, denn er blies seine Seifenblasen für alle Menschen gleichzeitig auf die Welt, egal ob sie diese aufnahmen oder sie einfach platzen ließen. Er stupste die Menschen im Schlaf mit seinen bunten Seifenblasen an, und wünschte ihnen, dass sie daraus ihre eigenen farbenfrohen Träume machen würden.

Das kleine Mädchen war begeistert und träumte von nun an in den schönsten Farben. Es bedankte sich beim Sandmann, dass er ihr diesen Herzenswunsch erfüllt hatte und lernte bald darauf auch den Seifenblasenmann kennen.

So geschah es, dass seit damals die Menschen in Farbe träumen und auch wenn sie sich die Träume nicht merken, die Nächte sind bunt und voller schillernder Erlebnisse!

Der Schlafcoach

Es war einmal eine junge Frau … die konnte nicht gut schlafen. In jener Zeit war es modern, sich für alle Lebensbereiche einen Coach anzuschaffen. So auch für das Schlafen. Über das Internet fand sie einen Trainer, der sich für den guten Schlaf engagierte. Das erste Treffen fand in einem Kaffeehaus statt. Es war kurz nach 16 Uhr, als sich die beiden trafen und als sich die junge Frau einen Kaffee bestellen wollte, ermahnte der Schlafcoach sie bereits, sie solle beachten, dass Koffeingenuss am späteren Nachmittag nicht gerade förderlich wäre für den Schlafgenuss.

Nun gut, immerhin wollte die junge Frau in Zukunft besser schlafen und so hatte sie sich vorgenommen, alles zu tun, was der Schlafcoach ihr auftrug. Der Coach sah noch dazu gut aus, was die Sache erleichterte … oder etwa nicht? Der fesche Mann packte einen Fragebogen aus und so ging er mit der Frau alle relevanten Details durch, die so ein Fragebogen zum Thema Schlaf zu bieten hat: Wann sie normalerweise aufstehe, wann sie zu Bett gehe, wie lange sie zum Einschlafen brauche, wie oft sie in der Nacht aufwache, Albträume?, ob sie sich die Träume merke, Sport?, Lüften vor dem Zubettgehen?, wie alt ist die Matratze?, welcher Art?, sind Haustiere mit im Schlafzimmer?, ob sie zu zweit oder allein schlafe, Kindheitserinnerungen, seit wann gibt es die Schlafstörungen?, Stress?, beruflich, privat?, Alkohol, Nikotin?, Rituale vor dem zu Bett gehen? und, und, und …

Der Schlafcoach wusste nun alles über seine Klientin und konnte mit seinen Schlaftipps loslegen. Wichtig wäre die Regelmäßigkeit des Schlafes, nicht zu lange und nicht zu kurz, zwischen sieben und acht Stunden seien optimal. Vor dem Schlafengehen

nicht zu viel essen, keine alkoholischen Getränke und auch nicht zu viel Wasser trinken am späten Abend. Bewegung an der frischen Luft und gesunde Ernährung. Eine neue Matratze wäre auch von Vorteil.

Die Frau schrieb alles mit und war ganz hingerissen von ihrem Schlafcoach. Alles hätte ihr dieser Mann einreden können, wirklich alles. Die junge Frau verliebte sich Hals über Kopf in ihren Schlafcoach und hatte nun sogar noch einen Grund mehr, nicht einschlafen zu können. Sie befolgte brav seine Ratschläge, doch es half alles nichts. Stundenlang lag sie wach im Bett und zählte von 1 000 rückwärts oder massierte sich die Ohren, trank heiße Milch vor dem Zubettgehen und lüftete regelmäßig das Schlafzimmer. Auch in der Nacht. Sie wollte nichts unversucht lassen.

Sie hatte schon so viele Bücher über guten Schlaf gelesen, dass sie selbst Vorträge darüber halten hätte können, der Schlafcoach war ihre große Hoffnung. Und falls der auch nichts helfen würde, dann war als nächster Schritt das Schlaflabor an der Reihe. Doch so weit war sie noch nicht. Immerhin hatte sie jetzt einen Schlafcoach gefunden, der auch noch gut aussah. „Ob es üblich war, seinen Schlafcoach zum Essen einzuladen?", dachte sie eines Nachts, als sie wieder einmal nicht schlafen konnte. Das zweite Treffen mit dem Schlafcoach stand am nächsten Tag auf dem Programm und natürlich gab es dadurch gleich mehrere zusätzliche Gründe, warum sie nicht schlafen konnte. Einer davon war die Frage „Was ziehe ich an?". So ging die junge Frau gedanklich ihren Kleiderschrank durch und probierte imaginär die verschiedensten Outfits.

Müde wie immer kam die Frau zum Treffen, das auch diesmal im Kaffeehaus stattfand. Sie fand es irgendwie witzig, sich mit einem gutaussehenden Mann zu treffen und mit ihm ihre Schlafgewohnheiten zu besprechen, das hatte schon seinen Reiz. Viel spannender als so manches Blind-Date in der Vergangenheit!

Beim zweiten Treffen sollte die Frau berichten, was sie alles an ihren Schlafgewohnheiten geändert hatte und ob sich bei ihrer Schlaflosigkeit etwas getan hatte. Natürlich hatte sie alle Ratschläge umgesetzt, doch schlafen konnte sie noch immer nicht. Dass sie sich in der Zwischenzeit in den Schlaftrainer verliebt hatte, traute sie sich nicht zu sagen, aber ihre verliebten Augen entgingen auch dem Schlafcoach nicht. Denn immerhin war er ein Mann mit Feingefühl, sonst hätte er seinen Beruf nicht ausüben können. Auch er fand sein Gegenüber ziemlich süß. Die Frisur immer irgendwie durcheinander und wenn sie sprach, dann verlor sie ständig den Faden und war verwirrt über ihre eigene Verwirrtheit, das gefiel ihm. Sie war nicht so eine perfekte Stressfrau wie die meisten Damen, die zu ihm kamen, sie war irgendwie anders.

Und er war weniger schüchtern als sie und fragte: „Darf ich Sie auf ein Gläschen Wein einladen?"

„Ja, warum nicht, soll ja den Schlaf fördern, oder?"

Bei einem Gläschen blieb es nicht, und so lachten die beiden bald gemeinsam über Gott und die Schlafwelt und waren schnell per Du.

„So, jetzt muss ich aber gehen", meinte sie irgendwann, „ich hoffe, du verrechnest mir nicht die gesamten vier Stunden", und nun fing sie zu lachen an und kriegte sich nicht mehr ein. Auch der Schlafcoach war schon etwas angeheitert und ließ sich von ihrem Lachen anstecken. Der gemeinsame Lachkrampf war richtig befreiend, so etwas hatte es schon lange nicht mehr gegeben.

Jetzt war es also geschehen, auch der Schlafcoach hatte sich verliebt. Das war normalerweise gar nicht seine Art. Eine Klientin zum Trinken zu animieren und sich mit ihr stundenlang zu amüsieren. Schön war das. Und er wollte sie wieder sehen. Bald, sehr bald!

Das nächste Treffen nahte schon einige Tage später. Diesmal hatte der Schlafcoach darum gebeten. Er lud sie zum Essen ein. Sehr fein. Und im Lauf des Abends, da nahm die junge Frau ihren ganzen Mut zusammen und fragte, ob er nicht bei ihr zu Hause einen Lokalaugenschein machen könnte, um herauszufinden, warum sie nicht schlafen konnte.

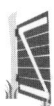 

Ungefähr eine halbe Stunde später waren die beiden in der gemütlichen Stadtwohnung angekommen und nun war es an der Zeit, das Schlafzimmer zu begutachten. Eine eigenartige Situation, einen Schlafcoach mit nach Hause zu nehmen, und noch dazu so einen gutaussehenden!

Nachdem die beiden Schmetterlinge im Bauch und Herzen in den Augen hatten, war der erste Kuss nicht fern. Und der schmeckte, ach, so gut! So war der Schlafcoach doch etwas abgelenkt. Und dann geschah das Schlafwunder. Die junge Frau schlief in seinen Armen selig ein. Er war also doch ein guter Schlafcoach und hatte sein Ziel erreicht, diese Frau zum Einschlafen zu bringen. So wurden die beiden ein Paar und lebten glücklich und zufrieden wie im Märchen. Die Schlafprobleme der jungen Frau waren ab sofort vorbei. Sie war nun sogar glücklich darüber, dass sie so lange unter Schlaflosigkeit gelitten hatte, denn sonst hätte sie womöglich nie den Mann fürs Leben getroffen.

Schlaf gut, alles gut!

Die Vorlesefee

Es war einmal … eine gute Fee, die saß mit ihrem Fernrohr im Himmelszelt und beobachtete die Menschenkinder. Oft hatte sie Abend- und Nachtdienst und da fiel ihr auf, dass viele Erdlinge nicht gut einschlafen konnten. Doch wenn dann die Mama, der Papa, die Oma oder der Opa kamen und eine Gute-Nacht-Geschichte vorlasen, dann funktionierte es mit dem Einschlummern gleich viel besser.

Doch nicht alle Kinder hatten jemanden, der ihnen vor dem Schlafengehen eine Geschichte vorlas und so beschloss die gute Fee, auf die Erde zu fliegen, um die kleinen Erdenbürger in den Schlaf zu lesen.

An einem Abend schaffte sie bis zu 100 Kinder auf der Welt, denn die Fee hatte auch immer etwas Feenstaub dabei und dieser Zauberstaub half zusätzlich beim guten Einschlafen.

Die Bücher, aus denen die Fee las, waren uralt und enthielten viele Zaubermärchen. Sie verhalfen den Menschenkindern nicht nur zu einem guten Schlaf, sondern verzauberten die Welt der Kinder insgesamt.

Ihre Träume waren voller Sternenstaub und an den darauf folgenden Tagen passierten kleine Wunder und Herzenswünsche gingen in Erfüllung.

Die gute Fee wurde nicht müde, den Kindern die schönen Feengeschichten vorzulesen, doch eines Tages, da schlief sie selbst über einem ihrer Märchenbücher ein.

Der kleine Junge, dem sie gerade vorgelesen hatte, war noch wach und natürlich ganz neugierig, was die gute Fee da für ein Buch in Händen hielt. Doch sobald er hineingeschaut hatte, war

er schon in dem Zauberbuch verschwunden. Die Fee hatte gerade das Märchen vom Schlaraffenland vorgelesen. Der Junge aß sich schnell durch einen Berg aus süßem Brei und wunderte sich über die vielen Köstlichkeiten, die es hier gab. Die Blumen waren aus Zuckerguss und die Bäume aus Marzipan. Eine Pizza flog durch die Luft und eine Flasche Ketchup hinterher. Auf einem Zuckerbusch wuchsen Gummibären und daneben plätscherte ein Bach aus Apfelsaft. Der Junge wusste gar nicht, womit er anfangen sollte und kostete sich einfach durch. Doch auch im Schlaraffenland gilt, dass zu viel nicht gut tut und so war dem Buben bald schlecht vom vielen Durcheinanderessen. In jenem Moment erwachte die Fee.

Als sie den Jungen nicht mehr in seinem Bettchen liegen sah, da ahnte sie schon, was geschehen war. Schnell klatschte sie drei Mal in die Hände und der kleine Junge kam wie aus dem Nichts aus dem Märchenbuch gesprungen. „Danke, dass du mich zurückgeholt hast!", sagte er und die Fee ermahnte ihn, dass Kinder in Zauberbüchern nichts verloren hätten. „Ja, aber es war doch so schön dort!", schwärmte der Kleine und erzählte lieber nicht, dass ihm vom vielen Naschen schon übel geworden war. Die Fee musste lächeln und nahm sich vor, nie wieder beim Vorlesen ihrer Feenmärchen einzuschlafen.

Ob ihr das gelingt? Wir wissen es nicht. Doch wünschen wir es den Kindern, zu denen sie auch heute noch kommt, dass die Gute ein kleines Nickerchen macht. Denn nichts ist schöner als in ein echtes Feenmärchenbuch einzutauchen!

Der Schlaftrunk

Es war einmal … ein fahrender Händler, der war sehr einfalls-reich. Immer wieder erfand er neue Zaubermittel, mit deren Hilfe er den Menschen allerlei Wunder versprach. Da gab es Lutschbon-bons, die von der Venus kamen und Liebe bringen sollten. Ein Wässerchen für ewige Jugend wurde unters Volk gebracht sowie unzählige Amulette, um das Böse abzuwehren.

Es war natürlich immer nur Lug und Trug, was der herumzie-hende Mann mit seinen Mittelchen verkaufte. Da er stets auf der Durchreise war, machte es ihm nichts aus, wenn die Leute tags da-rauf über ihn schimpften, weil seine „Wundermittel" nicht die ge-wünschte Wirkung zeigten.

Eines schönen Tages erfand der Mann ein Mittel gegen Schlaf-losigkeit. Natürlich handelte es sich wieder um eine aus der Luft gegriffene „Erfindung", denn in seinen Fläschchen befand sich nichts außer reinem Quellwasser. Viel Geld verlangte er für seinen Schlaftrunk und die Leute zahlten. Schon damals gab es zahlreiche Fälle von Schlaflosigkeit und jeder war froh, ein Mittel dagegen zu bekommen. So baute er in der nächsten Stadt – wie so oft – seinen kleinen Stand auf und begann zu rufen: „Wer da nicht schlafen kann, der lausche, was ich zu erzählen habe!"

Und so kamen die Leute in Scharen herbei, um zu erfahren, was der fahrende Händler da feilbot.

„Dieser Trunk lässt euch schlafen und bringt die schönsten Träume ins Haus!", rief er laut aus.

„Ja, wo hast du denn diesen Schlaftrunk her?", wollte eine Frau wissen.

Schnell überlegte der Mann und da er ein schlaues Kerlchen war, erzählte er den Leuten nun eine Geschichte, wie er zu dem heilsamen Trank gekommen war.

„Da gibt es einen Berg, der schläft. Wie kann ein Berg schlafen, werdet ihr euch jetzt fragen, das ist ganz einfach, dieser Berg ist ein Vulkan und er schläft so lange, bis er eines Tages ausbricht. So kamen viele Pflanzen und Tiere, um die harmonische Energie des selig schlafenden Berges zu genießen und dann folgten auch noch die Menschen, weil dieses Fleckchen Erde dort so lieblich und sanft ist. Diese Leute dort sind die besten Schläfer der Welt. Sie legen sich ins Bett und können gar nicht mehr bis drei zählen, so schnell schlafen sie ein. So ist das dort und darum habe ich euch das Wasser des schlafenden Berges mitgebracht, damit auch ihr wieder gut schlafen könnt!"

„Wo liegt denn dieser schlafende Berg?", fragte jetzt ein Mann.

„Der Berg ist so weit weg, dass man ihn nur mit einem fliegenden Teppich erreichen kann, denn es würde wohl kein Menschenleben ausreichen, jemals zu Fuß dorthin zu gelangen!"

„Und wo ist dein fliegender Teppich?"

„Hier ist er!", der Mann deutete ins Leere, „aber ihr müsst wissen, mein fliegender Teppich ist unsichtbar!"

„Ah …", raunte jetzt die staunende Menge.

Und so kauften die Leute in jener Stadt das pure Wasser, das ihnen der fahrende Händler als heilsamen Schlaftrunk anpries, bis kein einziges Fläschchen mehr übrig war.

„Jeden Abend vor dem Schlafengehen einen kleinen Schluck trinken!", riet der Scharlatan und lachte sich ins Fäustchen. Schnell hatte er wieder seine Sachen zusammengepackt und zog weiter.

Als die Leute in jener Stadt an diesem Abend zu Bett gingen, da erlebten jene unter ihnen, die den Schlaftrunk erstanden hatten, ein kleines Wunder. Sie nahmen ein Schlückchen des Wundermittels und ehe sie bis drei zählen konnten, waren sie schon eingeschlafen.

Der Glaube versetzt bekanntlich Berge, und da die Schlaflosen glaubten, es handle sich um das heilende Wasser des schlafenden Berges, war es nun für sie nicht mehr schwer, den ersehnten Schlaf zu finden. Denn das Einschlafen beginnt im Kopf und die erfundene Geschichte des Händlers zeigte Wirkung. Die Leute schliefen fortan sehr schnell ein und priesen die Heilkraft des Schlaftrunks.

Und so hatte der fahrende Händler doch einmal ein gutes Werk getan. Denn ohne es zu wissen, verhalf er den Menschen in jener Stadt zu einem guten Schlaf.

Schnarchgeschichten

Der Schnarchbär

Es war einmal … ein dicker Bär, der machte es sich in seiner Höhle für den Winterschlaf gemütlich. Er hatte sich seinen Wanst so voll gefressen, dass er locker über den Winter kam. So war das nun mal bei Bären. Und schon schlief er ein. Doch kaum war der Bär eingeschlafen, da fing er so laut zu schnarchen an, dass die ganze Höhle bebte und auch noch die Waldbewohner rund um ihn einiges von seinen Schnarchtönen zu hören bekamen.

Da wohnte in der nächsten Umgebung des Bären eine kleine Haselmaus, und die wollte auch gerade mit ihrem Winterschlaf beginnen. Haselmäuse gehören zur Familie der Schlafmäuse und sind auch mit den Siebenschläfern verwandt. So wie die Bären fressen sie sich fett, um den Winter zu verschlafen und fit und schlank im Frühjahr wieder aufzuwachen. Nur das mit dem Einschlafen wollte dieses Jahr gar nicht klappen. Der Bär nebenan schnarchte so laut, dass die kleine Haselmaus in ihrem Erdloch erzitterte.

Jetzt war guter Rat teuer. Doch anstatt sich zu ärgern, dachte die Haselmaus nach. „Wie könnte ich dafür sorgen, dass der Bär aufhört zu schnarchen?"

Die Maus wäre über ihre Grübelei fasst eingenickt, wenn da nicht der Bär noch immer so laut geschnarcht hätte. Und da, plötzlich, kam ihr eine Idee. Haselmäuse sind sehr schnell und wendig, und so sind es auch ihre Gedanken.

Sie flitzte aus ihrem Erdloch heraus und stöberte auf dem Waldboden herum, bis sie ein leeres Schneckenhaus fand. Mit diesem

Schneckenhaus lief sie weiter zu einem wilden Bienenstock im Wald und piepste, so laut sie nur konnte.

Es dauerte eine Weile, bis eine kleine Biene herausgeflogen kam und die Haselmaus freundlich begrüßte. „Na, da hast du aber Glück gehabt, dass ich ganz außen auf der Wintertraube meinen Platz eingenommen habe, sonst hätte ich wohl nicht so schnell kommen können!"

Bienen halten ja selbst keinen Winterschlaf, doch wenn es kalt wird, dann ziehen sie sich zurück in die „Wintertraube" und halten sich gegenseitig warm. Mitten drin sitzt die Bienenkönigin.

„Bienchen, ich brauche deine Hilfe! Stell dir vor, neben mir schnarcht ein großer Bär in seiner Höhle und ich kann nicht schlafen und verpasse noch meinen eigenen Winterschlaf!"

Haselmaus und Bienchen kannten sich noch vom Sommer. Da hatte die Haselmaus das Bienchen einmal aus einem Spinnennetz gerettet, seither waren die beiden Freunde.

„Das stelle ich mir nicht gerade angenehm vor, wenn der Bär so laut schnarcht! Wie kann ich dir helfen?"

„Bitte fülle dieses Schneckenhaus mit Honig, dann werde ich sehen, ob es mir gelingt, den Bären vom Schnarchen abzuhalten."

Das Bienchen nickte: „Wir haben heuer so viel Honig produziert, da kannst du gerne ein Schneckenhaus voll davon haben!"

Und so bedankte sich die Haselmaus bei dem Bienchen und wünschte einen guten Winter. Im Frühjahr wollten sich die beiden wiedersehen.

Bepackt mit einem Schneckenhaus voll Honig machte sich die Haselmaus auf den Heimweg. Der Bär schnarchte noch immer furchtbar laut und so nahm das Mäuschen seinen ganzen Mut zusammen und schlich sich in die Bärenhöhle. Ui, war der groß! Es dröhnte in der Höhle und die Haselmaus zitterte nicht nur vor Angst, sondern auch von den ohrenbetäubenden Schnarchgeräuschen des Bären.

Jetzt war sie dem Bären schon so nahe, dass sie richtig gegen das Schnarchen ankämpfen musste wie gegen einen starken Wind. Was

die Haselmaus jetzt tat, das war wirklich sehr, sehr mutig. Sie griff mit ihren kleinen Pfötchen in das Schneckenhaus, nahm so viel Honig heraus, wie sie nur konnte und schmierte dem Bären Honig ums Maul.

Kaum war sie mit ihrer Arbeit fertig, da schleckte sich der Bär schon mit seiner riesigen Zunge über sein Bärenmaul und hätte dabei beinahe auch die Haselmaus mit abgeschleckt. Mit einem Sprung zur Seite rettete sie sich vor dem nassen Bärengruß und wartete, was passierte.

Der Bär schleckte und schleckte und irgendwie erwischte er mit seiner Zunge auch das Schneckenhaus, das gleich neben seinem Maul lag. Und da krachte es zwischen den massigen Bärenzähnen, so als würde ein Mensch ein Zuckerl zerbeißen.

Der Bär schmatzte und schleckte und grummelte zufrieden vor sich hin. Zum Glück wachte er nicht auf, sondern drehte sich nur vom Rücken auf den Bauch und schlief weiter. Und oh Wunder, der Bär hatte zu schnarchen aufgehört! Die Haselmaus klatschte vor Freude in die Pfötchen und sauste zurück in ihr Erdloch. Jetzt war es wirklich an der Zeit einzuschlafen!

Nebenan blieb es ab sofort ruhig. Durch seine Bauchlage hatte der Bär zu Schnarchen aufgehört und die Haselmaus konnte endlich auch mit ihrem Winterschlaf beginnen. So verbrachten der Bär und die Maus eine erholsame Schlafenszeit und waren im Frühjahr wieder putzmunter.

Das Schlafgeheimnis

Es war einmal ... ein reicher Mann, der hielt um die Hand seiner Haushälterin an. Sie war ihm über die Jahre ans Herz gewachsen, hatte ihm liebevoll den Haushalt geführt, wie es eine Ehefrau nicht besser hätte tun können und hübsch war sie auch noch dazu. So fragte er sie eines Tages, ob sie seine Frau werden wolle. Vor Freude und Überraschung wäre die Dame fast in Ohnmacht gefallen. Und sie sagte „Ja".

Die Hochzeitsvorbereitungen liefen auf Hochtouren und die Vorfreude auf die „ehelichen Pflichten" wuchs und wuchs. Doch bevor die Hochzeitsglocken läuten sollten, hatte die Angebetete noch einen ganz besonderen Wunsch. Sie erbat sich, die Nächte auch in Zukunft alleine zu verbringen. Das sollte die sinnlichen Freuden nicht stören, doch für den nächtlichen Schlaf wünschte sie sich einen eigenen Raum. Der Mann war überrascht, was sollte das bedeuten? Hatte seine Zukünftige etwa Geheimnisse vor ihm? Doch das Haus war groß genug und hatte so viele Zimmer, dass wohl die halbe Stadt darin Platz gefunden hätte. So wurde der Wunsch der Frau erfüllt und sie bekam ihr eigenes Schlafzimmer.

Die Hochzeit nahte und damit auch die Hochzeitsnacht. So schön und groß die Feierlichkeiten ausfielen, so leidenschaftlich feierten die Hochzeitsleute auch ihre erste Liebesnacht. Doch als der Liebesakt vorüber war, da zog sich die Ehefrau in ihr Schlafgemach zurück. Den Gatten störte es nicht weiter, denn er war müde – sowohl vom Hochzeitswalzer als auch vom Liebesspiel.

In dem feinen Haus gab es viele Angestellte, und was es noch gab, war Verwandtschaft, die immer wieder ungebeten zu Besuch kam. Man kann sich vorstellen, wie schnell sich die Kunde

herumgesprochen hatte, dass sich die neue Frau des feinen Herrn ein eigenes Schlafzimmer ausbedungen hatte. Es wurde getuschelt und getratscht, gekichert und geraunt, aber niemand konnte sich erklären, warum dieses Weibsbild einen eigenen Raum zum Schlafen haben wollte.

„Dafür heiratet man doch, dass man zusammen in einem Bett liegt!", meinte eine der Hausangestellten. Und die alte Köchin erfand gleich eine Gruselgeschichte dazu: „Vielleicht ist sie eine Vampirfrau und schläft in einem Sarg?" Alle möglichen Gerüchte wurden hinter vorgehaltener Hand vom Personal in die Welt gesetzt. Der Klatsch und Tratsch wuchs und die Verwandtschaft nahte.

Als die Mutter des Mannes von dieser „Unsitte" der getrennten Betten erfuhr, da stellte sie ihren Sohn zur Rede. Er konnte jedoch keine Antwort auf die Frage geben, warum die Schwiegertochter lieber alleine schlief, denn er wusste es schlichtweg nicht. Der Bruder kam ebenfalls zu Besuch und lästerte, und auch die Schwester fing jetzt an zu sticheln. Es wurde ein richtiger Familienkomplott, alle redeten auf den armen Mann ein, er solle seiner Frau gefälligst das eigene Schlafzimmer verbieten.

Dem Mann war schon ganz schwindlig von dem vielen Gezeter. Er hatte sich selbst nicht viele Gedanken darüber gemacht, warum seine Frau lieber allein schlief. Die ehelichen Vergnügungen litten nicht unter der räumlichen Trennung und da er auch vor der Eheschließung die Nächte allein verbracht hatte, musste er sich nicht einmal umstellen.

Eines Tages kam seine Mutter wütend zur Tür herein und brüllte ihn an: „Sie ist eine Hexe! Eure Nachbarin will gesehen haben, wie es von ihrem Schlafzimmerfenster heraus geblitzt hat und der Teufel selbst hat herausgeschaut! Dein Weib ist eine Satansbraut, ich sage es dir! Was musstest du auch eine Hausangestellte heiraten, das bringt kein Glück, das wusste ich vom ersten Moment an!"

Jetzt reichte es dem Mann schön langsam, warum wollte nur keine Ruhe einkehren. Er komplimentierte die Mutter freundlich hinaus und fing an zu grübeln. Und das ist meistens der Anfang vom Ende, wenn man zu grübeln beginnt, dann kommt die schleichende Unsicherheit, und je mehr Zweifel man hegt, desto mehr grübelt man über ein Problem nach, und so weiter und so fort. Die Grübelei machte den Mann so mürbe, dass er sich vornahm seine Frau noch am selben Tag zu fragen, was der Grund dafür sei, dass sie ihn jede Nacht verließ.

Gesagt, getan. Nach einem versuchten Liebesspiel, das diesmal leider ganz und gar nicht klappen wollte, fragte er seine Frau: „Meine Liebe, warum verlässt du mich Nacht für Nacht und ziehst es vor, allein zu schlafen?" Seine Frau spürte schon, dass er mit dem Kopf ganz woanders war.

Auch die vielen Gerüchte, der Klatsch und Tratsch waren ihr nicht verborgen geblieben und sie wusste auch, wie die Schwiegermutter über sie dachte. So antwortete sie mit einem sanften Lächeln: „Mein Liebster, so muss ich dir wohl mein Geheimnis verraten." Dem Ehemann stockte der Atem, sollte seine Mutter doch Recht haben, war sie wirklich eine Satansbraut? Die viele Grübelei hatte ihm schon das Hirn zerfressen und er sah selbst schon Gespenster, wo es gar keine gab.

„Was ist dein Geheimnis? Sag es mir, ich muss es wissen!"

Die Frau lächelte noch immer und antwortete: „Über fünf Jahre habe ich dir den Haushalt geführt, und in dieser Zeit habe ich dich sehr gut kennengelernt. Oft habe ich dich des Morgens geweckt und da ist mir aufgefallen, dass du ein regelrechter Schnarchbär bist. Und weißt du, mein Lieber, ich habe einen sehr, sehr leichten Schlaf und so wusste ich, wenn ich neben dir ruhen müsste, würde ich wohl die ganze Nacht kein Auge zumachen. Ich wollte dich nicht kränken und so habe ich dir bis heute den Grund für meinen Wunsch nach einem eigenen Schlafzimmer verschwiegen."

Der Mann war erleichtert. Also gab es eine ganz einfache Erklärung für den Schlafzimmerwunsch seiner Gattin, und der Grund war er selbst. Das Leben hatte ihm eine liebevolle Lektion erteilt. Nie wieder ließ er es zu, dass andere Menschen einen Keil zwischen

ihn und seine Frau trieben. Er hatte gelernt, dass es egal war, welche Flöhe seine Mutter ihm in den Kopf setzten wollte, denn die Liebe zu seiner Frau stand an erster Stelle. Nie wieder ließ er es zu, dass seine Familienmitglieder schlecht über seine Holde sprachen.

Und manchmal dachte er auch nach (und das war anders als Grübeln): Was wäre gewesen, wenn seine Frau nicht auf diese gute Idee der zwei Schlafzimmer gekommen wäre, sie hätte wohl niemals gut geschlafen, wäre immer grantig und übernächtigt gewesen. Er hätte sie bestimmt bald als zänkisch, launenhaft und mürrisch eingeschätzt und mit der Liebe wäre es schnell wieder aus gewesen.

So sorgten die zwei Schlafzimmer dafür, dass die Liebe der Eheleute frisch blieb und sich nicht durch laute Schnarchgeräusche oder durch die Meinung von anderen Leuten stören ließ. Und wenn sie nicht gestorben sind, dann lieben sie sich noch heute von ganzem Herzen und verbringen die Nächte in getrennten Betten.

Der Schnarchgeist

Es war einmal ... ein Haus, das stand schon sehr lange leer. Eines Tages fanden sich aber doch noch Käufer für das alte Gemäuer und es wurde aufwendig renoviert und nach einiger Zeit war es endlich so weit, dass die neuen Besitzer einziehen konnten.

Eine Familie mit drei Kindern fand hier ein neues Zuhause und hauchte den alten Mauern neues Leben ein. Doch in den Nächten, da hörten die Kinder immer wieder ein lautes Schnarchen. Zuerst verdächtigten sie den Vater. Doch als sich die Geschwister eines Nachts auf Zehenspitzen ins Schlafzimmer der Eltern schlichen, da war es dort mucksmäuschenstill.

„Sonderbar", flüsterte der ältere Bruder. „Wo kann denn das Schnarchen nur herkommen, wenn es der Papa nicht ist?"

In der nächsten Nacht hörten sie es schon wieder. Dieses Mal wollten die Kinder unbedingt den Grund für die Schnarchgeräusche herausfinden. Der große Bruder führte den Schnarch-Suchtrupp an. Die zwei Schwestern folgten ihm. Im ausgebauten Dachgeschoß befand sich ein Zimmer, das noch leer stand. „Glaubst du, das Schnarchen kommt von da drin?", fragte die Jüngste ängstlich. Der große Bruder nickte und legte den Zeigefinger an den Mund.

Sachte öffnete er die Tür und die Geschwister betraten den kleinen Raum. Das helle Mondlicht fiel zum Dachfenster herein. Was die Kinder nun sahen, das ließ sie zuerst erschrecken und dann schmunzeln. Ein uralter, gutmütig aussehender Mann saß da in einem Lehnstuhl und schnarchte so laut, dass sich die Balken bogen. Er trug Hauspantoffeln und einen altmodischen Morgenmantel.

„Sollen wir ihn aufwecken?", fragte die ältere Schwester.

„Ja, das müssen wir wohl, denn sonst können wir nicht schlafen, so laut wie der alte Opa da schnarcht!"

So ging der Bruder zu dem schnarchenden Mann und versuchte, ihn zu wecken. Zuerst tippte er ihn an der Schulter an, aber das half nichts. Jetzt rüttelte er den Mann mit beiden Armen sanft, doch auch diese Methode zeigte keinen Erfolg.

Nun kam die jüngere Schwester ins Spiel. „Lasst mich mal!", sagte sie und zog dem alten Mann die Hauspantoffeln von den Füßen. Jetzt begann sie, den Greis an den Fußsohlen zu kitzeln und siehe da, der Mann hörte zu schnarchen auf und fing stattdessen an zu kichern. Schließlich erwachte er und schlug die Augen auf.

„Bin ich etwa eingeschlafen?", fragte er jetzt ganz erstaunt.

„Ja, und du hast so laut geschnarcht, dass wir Kinder nicht schlafen konnten!", merkte die Jüngste an.

„Wie spät ist es denn?"

„Kurz vor Mitternacht!"

„Ach, das ist eine gute Zeit, um zu Bett zu gehen", sagte der Alte, zog seine Hauspantoffeln wieder an und spazierte schnurstracks durch die Wand. Und weg war er.

Jetzt sahen sich die Kinder erschrocken an! „Das war ein Geist!", sagte die ältere Schwester. „Ja und wir haben ihn erlöst!", freute sich die Jüngere. „Er ist jetzt wohl für immer schlafen gegangen!", meinte der Bruder.

Am nächsten Tag zündeten die Kinder für den alten Schnarchgeist eine Kerze an. „Damit er in Frieden ruhen kann!", meinten die Schwestern. Der Bruder nickte: „Er war ja auch ganz in Ordnung!"

„Hoffentlich schnarcht er im Himmel nicht auch so laut, sonst können die Engerl nicht schlafen", kicherte die Jüngste. Und so beteten sie gemeinsam für den Geist des Mannes, den sie schnarchend im Lehnstuhl entdeckt hatten, dass er gut im Himmel ankommen würde und dort seine ewige Ruhestätte finden konnte.

Und wirklich, der Alte hatte heimgefunden. Denn fortan herrschte Ruhe im Haus. Nie wieder hörten die Kinder den Alten schnarchen.

Die Schnarchlade

Es war einmal … eine Zeit, da schnarchte kaum jemand mehr auf der Welt. Warum das so war? Ganz einfach, damals gab es einen fleißigen Wichtel, der sammelte alle Schnarchgeräusche ein. Sowohl von Tieren als auch von Menschen. Er zog mit einem großen Sack herum und stopfte alle Schnarchlaute hinein. Und da dieser Wichtel natürlich über Zauberkräfte verfügte, waren die Schnarcher auch sofort vom Schnarchen geheilt, wenn der gute Wichtel nur ein einziges Mal zu Besuch kam.

Man muss sich vorstellen, wie viele Menschen auf der Erde auch in jener Zeit schon schnarchten, als dieser Wichtel in Amt und Würden war. Ein ganzes Wichtelleben lang brauchte es, bis er fast alle Schnarcher eingefangen hatte. Da Wichtel recht ordentlich sind, verstaute er die gesamte Schnarchbeute in einer geräumigen Lade im großen Wichtelschrank.

Doch auch Wichtel brauchen einmal Urlaub, und man kann sich vorstellen, dass unser lieber Freund schon ein bisschen die Nase voll hatte von dem vielen Geschnarche. Sein Werk war beinahe vollbracht, als der Wichtelurlaub nahte, der den fleißigen Wicht auf einen fernen Planeten führte, weitab von der Erde, wo es ruhig und harmonisch zuging und kein einziges Wesen schnarchte.

In der Zwischenzeit wurde der Oberschnarchwichtel von einem Praktikanten vertreten. Dieser sollte die Schnarchlade hüten und wenn möglich neue Schnarchgeräusche auf der Erde einfangen.

Der Jungwichtel war noch ziemlich grün hinter den Ohren und vergaß den Zauberspruch, der notwendig war, um die vielen Millionen Schnarchgeräusche zu bannen, wenn man jene Lade, in der sie sich befanden, öffnen wollte.

Als er nach seiner ersten Nacht auf der Erde ins Wichtelland zurückkam, und sein Sack prall und voll war mit den frischen Schnarchern der Menschen, da stand er ratlos vor der Lade und traute sich nicht, sie zu öffnen.

Doch der Schnarchsack wog schwer auf seinen Schultern und so dachte er, wenn er die Lade nur schnell genug auf und zu machte, könnte es gut gehen. Doch leider ging die Sache schief. Sobald der Jungwichtel die Lade öffnete, sprangen die Schnarchgeräusche der vergangenen Jahrhunderte heraus und machten sich auf den Weg zur Erde. Viele der Schnarcher lebten nicht mehr, und so fanden die Schnarchgeräusche ihre Heimat bei deren Nachfahren.

Von einem Tag auf den anderen schnarchte es wieder an allen Ecken und Enden der Erde. Als der Jungwichtel merkte, was er angerichtet hatte, versteckte er sich selbst in der Schnarchlade und blieb so lange dort, bis der Altwichtel aus dem Urlaub zurückkam.

Dieser spazierte nichtsahnend zum großen Wichtelschrank, sprach den Zauberspruch und öffnete die Schnarchlade, um nachzusehen, ob auch alles in Ordnung war. Doch was er sah, war lediglich ein zusammengekrümmter Jungwichtel, der nicht einmal etwas sagen konnte, weil ja der Bannspruch über ihm lag. Schnell holte der Alte den Jungen heraus und schloss die Lade wieder.

Nun löste er den Bann und der Jungwichtel begann zu erzählen. Der Oberschnarchwichtel war entsetzt. Sein Lebenswerk war zerstört. Auf seine alten Tage wollte er die jahrhundertelange Arbeit nicht noch einmal von vorne beginnen. „Sollen sie doch schnarchen auf der Erde!", dachte er und ging in Ruhestand.

Auch der Jungwichtel hatte nach seinem Erlebnis mit der Schnarchlade keine Lust mehr, sich um die vielen Schnarcher zu kümmern. Leider erbarmte sich nie wieder ein Wichtel, diese Arbeit auf sich zu nehmen. So sägten die Menschen auf der Erde ungeniert weiter und manchmal trug der Himmelswind die Schnarchgeräusche bis ins Wichtelland hinauf. Dann erzählten die alten Wichtel jene Geschichte von der Schnarchlade, die sonst wohl schon lange in Vergessenheit geraten wäre.

Schlafmützen erzählen

Die Schlafmütze

Es war einmal … eine Schlafmütze, und die gehörte einem sehr alten Mann. Als der Alte starb, da kamen seine nahen Verwandten und räumten die Wohnung leer. So musste das sein.

Auch die kleine Emily war mitgekommen. Ihre Mama hatte keinen Babysitter finden können, und so ging das Mädchen in der Wohnung ihres verstorbenen Großonkels auf Entdeckungsreise.

Die Eltern räumten gerade einen großen Holzkasten aus, der als Kleiderschrank gedient hatte. In einem Fach, das sich in Emilys Augenhöhe befand, entdeckte sie eine weiße Mütze. Als sie diese der Mutter zeigte, erfuhr sie, dass es sich hierbei eindeutig um eine Schlafmütze handelte.

„Eine Schlafmütze?", fragte Emily, „ich dachte, Schlafmützen sind Leute, die nicht aufstehen wollen."

Die Mutter lächelte und versuchte zu erklären: „Weißt du, Emily, es war nicht immer so, dass wir Menschen in warmen Zimmern schlafen konnten. Früher waren die Häuser oft zugig und so war es üblich, beim Schlafen eine Mütze zu tragen."

Emily verstand. Sie setzte sich die Schlafmütze des Großonkels auf den Kopf und fragte, ob sie sie behalten könne.

Die Mutter nickte: „Ja, natürlich, Onkel Albrecht würde sich sehr freuen, wenn er wüsste, dass du seine Schlafmütze in Ehren hältst! Denn zu dieser Mütze gibt es eine ganz besondere Geschichte, die uns Onkel Albrecht immer wieder erzählt hat. Willst du die Geschichte hören?"

„Ja, ja, ja!", rief Emily.

„Es war einmal eine Zeit, in der die Menschen, die auf dem Bauernhof arbeiteten, im Stall bei den Tieren schlafen mussten, weil es sonst keine geeigneten Räumlichkeiten gab. Onkel Albrecht war damals als Stallknecht beschäftigt, und so war es nicht verwunderlich, dass auch er im Stall schlief. Im Heu hatte er sich sein Lager bereitet, doch der Wind pfiff durch den Stall und oft war es sehr kalt. Es gab zwar Decken, doch wärmten diese nicht genug. Die Tiere im Stall froren nicht, denn sie hatten ein dickes Fell und waren es gewohnt, mit der Kälte zu leben.

Onkel Albrecht war ein sehr tierlieber Knecht. Er versorgte die Pferde im Stall, als wenn es seine eigenen wären, und bei den Kühen und Schweinen machte er es genauso. So mochten die Tiere ihren Stallknecht sehr und fanden es ziemlich ungerecht, dass der junge Bursch so frieren musste und der alte Bauer in der guten Stube im Warmen liegen durfte. Noch dazu hatte der Bauer eine Schlafmütze auf seinem Kopf, was gar nicht nötig gewesen wäre, weil es im Bauernhaus überhaupt nicht zog. So konnte das nicht weitergehen. Ein besonders intelligentes Schwein schlich sich daraufhin eines Nachts in die gute Stube des Bauernhofes und stahl dem Bauern seine Schlafmütze. Es brachte diese dem braven Knecht Albrecht, der sich wunderte, dass er mitten in der Nacht Besuch von einem der Schweine bekam. Als er sah, dass ihm die Sau eine Schlafhaube gebracht hatte, war er gerührt, er setzte sie sogleich auf und fühlte, wie sein durchgefrorener Kopf sich langsam erwärmte. Denn über den Kopf verliert der Mensch am meisten Wärme, darum ist es auch so wichtig, dass man im Winter immer eine Haube aufsetzt, wenn man ins Freie geht."

Emily hörte aufmerksam zu: „Ja, und dann, was ist dann passiert?"

Die Mutter erzählte weiter: „Dem Bauern ist die Schlafhaube natürlich abgegangen, es war eine aus feinstem Material, sehr warm und kostbar. Doch konnte er sie nirgends finden. Er verdächtigte die Bäuerin, dass sie ihm die Schlafmütze wohl vom Kopf gerissen hätte, heimlich in der Nacht, um sie in der Stadt zu verkaufen, denn Schlafmützen waren damals heiß begehrt. Das Geheimnis um ihren wahren Verbleib aber blieb bewahrt, denn Albrecht schlief immer ganz allein in seinem Stallwinkel. Und er war auch immer der erste auf dem Hof, der aufstand. So hatte ihn nie ein Menschenkind auf dem Bauernhof mit der Schlafhaube auf dem Kopf sehen können.

Emily klatschte in die Hände: „So eine schöne Geschichte!"

So behütete Emily Onkel Albrechts Schlafmütze ihr Leben lang wie einen kleinen Schatz und erzählte die Geschichte vom Schlafmützenklau der Sau auch noch ihren eigenen Kindern weiter.

Die verschlafene Prinzessin

Es war einmal … eine Prinzessin, die war immer sehr müde. In der Früh wollte sie nicht aufstehen und schlief so lange, wie es ihr gefiel – manchmal sogar bis in den Nachmittag hinein! Die königlichen Eltern machten sich schon große Sorgen um das Wohl ihrer Tochter, denn Disziplin und rechtes Maß gehörten zum erfolgreichen Leben eines Königskindes, wie sie meinten.

Eines schönen Tages war es so weit, die Prinzessin kam ins heiratsfähige Alter und sollte unter die Haube gebracht werden. Natürlich hatte sie überhaupt keine Lust dazu, einem Prinzen vorgestellt zu werden, sie war dafür viel zu müde. Als die ersten Verehrer zum Palast hereinstolzierten, schlief die Prinzessin natürlich noch. Vergeblich wartete die Prinzenschar in der Empfangshalle auf ihr Erscheinen.

Da kam der König auf eine wunderbare Idee. Er versprach, demjenigen Prinzen seine Tochter zur Frau zu geben, der es schaffte, sie freiwillig aus dem Bett zu bringen und dafür zu sorgen, dass die verschlafene Prinzessin in Zukunft jeden Tag noch vor Mittag aufstand.

Für die meisten Prinzen klang dieses Angebot nicht sehr verlockend, sie verabschiedeten sich schnell und waren nie wieder gesehen. Lediglich drei Prinzen trauten sich diese schwierige Aufgabe zu. Der erste war besonders musikalisch. Er schlich sich still und heimlich in die Gemächer der Prinzessin und spielte vor ihrem Himmelbett auf seiner Blockflöte lustige Lieder. Die Prinzessin wachte zwar auf, doch ließ sie sich von dem Flötenspiel des Prinzen nicht beeindrucken. Sie murmelte noch etwas von einem Schlaflied und schlief einfach weiter. Der Prinz zog enttäuscht von dannen, die Prinzessin hatte ihn nicht einmal eines Blickes gewürdigt, so schnell war sie wieder eingeschlafen.

Der zweite Prinz wollte erfolgreicher sein. Er war besonders tierlieb und hatte einige Tauben dressiert. So besuchte er die schlafende Prinzessin an ihrer Bettstatt und ließ eine weiße Taube zu ihr fliegen, in der Hoffnung, dass sie von dem Flügelschlag erwachen würde. Und wirklich, die Prinzessin schlug die Augen auf: „Tauben in meinem Zimmer?"

Sie war noch nicht ganz wach, als der Prinz eine Vorführung mit sieben weißen Tauben darbot, wie sie im Zirkus bis jetzt noch niemand gesehen hatte. Die Tauben gehorchten ihm aufs Wort, apportierten, flogen Loopings, saßen auf Befehl wahlweise auf seinem Kopf oder auf seinen Armen, es war wirklich eine Freude, den Tauben bei ihren Kunststücken zuzusehen. Als zum krönenden Abschluss alle Taubentiere auch noch durch einen brennenden Reifen flogen, schloss die Prinzessin aber schon wieder die Augen und mützelte weiter. Der Prinz war sehr enttäuscht, pfiff seine Tauben zusammen und verließ die Schlafgemächer der Prinzessin.

Nun war guter Rat teuer und der dritte Prinz überlegte, was er der Prinzessin bieten konnte, um sie aus den Federn zu holen. Sollte er die Prinzessin einfach küssen? So wurde doch damals auch Dornröschen aus ihrem hundertjährigen Schlaf erweckt. Der Prinz war zwar mutig, hatte sogar schon einen Drachen getötet, Schlangen mit bloßen Händen erwürgt und etliche Jungfrauen aus Feuersbrünsten gerettet, aber einen Kuss traute er sich eigentlich nicht zu. Er war nämlich ganz schön schüchtern. Er nahm seinen ganzen Mut zusammen, betrat die Prinzessinnengemächer und ging schnurstracks zum Himmelbett der Prinzessin. Sie sah sehr schön aus, wie sie da lag und schlief. Ihr zartes blasses Gesichtchen zierte ein besonders lieblicher Ausdruck. So stand er stundenlang vor dem Bett der Prinzessin und schaute ihr einfach nur beim Schlafen zu.

Endlich kam ihm die rettende Idee. Er rief nach seinem Diener und gab ihm einen Auftrag, der nicht so leicht auszuführen war.

Der Prinz hatte von einer besonderen Frucht aus einem fernen Land gehört, die den Menschen dabei half, wach zu bleiben. Der Zufall wollte es so haben, dass sich gerade fahrende Händler in der Nähe des Palastes aufhielten, die diese Früchte mit sich führten. Zusammen mit dem Rezept für die richtige Zubereitung kam der Diener zurück und der Prinz kochte der Prinzessin ihren ersten Kaffee. Schon der Geruch ließ die Prinzessin erwachen und neugierig aus ihren Polstern blicken. „Was riecht denn hier so fein?", fragte sie interessiert. Es duftete herrlich nach frisch gerösteten Kaffeebohnen.

„Möchtest du probieren?", fragte der Prinz und hielt der Prinzessin einen Becher Kaffee vor die Nase. Die Prinzessin nickte und nahm einen Schluck. Das Getränk schmeckte ihr sehr gut. Und auch seine Wirkung ließ nicht lange auf sich warten. Flugs sprang die Prinzessin aus dem Bett und war damit offiziell aufgestanden. Der Prinz hatte es geschafft, die Prinzessin freiwillig zum Aufstehen zu bewegen. Ob ihm das jeden Tag gelingen würde? Ja, und wie! Mithilfe seines Dieners, der für die Prinzessin jeden Tag frischen Kaffee zubereitete, war es überhaupt kein Problem mehr, die Prinzessin aus dem Bett zu locken.

Der Prinz hatte also die Bedingungen erfüllt und bekam die Prinzessin zur Frau. Nicht ihre Faulheit, wie alle im Hofstaat gemeint hatten, sondern lediglich ihr schwacher Kreislauf hatte die Prinzessin immer so lange schlafen lassen. Der Kaffee half ihr, morgens aus dem Bett zu kommen, und verlängerte damit auch ihre aktive Lebenszeit. So lebten Prinz und Prinzessin mit einem täglichen Becher Kaffee am Morgen glücklich bis an ihr Lebensende. Und bald darauf traute sich der Prinz auch, die Prinzessin in der Früh wachzuküssen.

Das Siebenschläfermädchen

Es war einmal … eine Familie Siebenschläfer, die bereitete sich auf den Winterschlaf vor. Und da war natürlich einiges zu tun. Denn Siebenschläfer halten von allen Tieren den längsten Winterschlaf. Von September bis Mai schlafen sie und damit sie diesen langen Zeitraum ohne Nahrungsaufnahme überstehen, müssen sie sich davor eine ordentliche Fettschicht anfuttern.

So geschah es, dass Anfang September die Fresstage bei der Familie Siebenschläfer eingeläutet wurden. Es sollte so viel gegessen werden, wie irgendwie möglich, denn wer nicht fett wurde, der überstand den Winter nicht. Da gab es ein Astloch in einem Baum, durch das durfte vor dem Winterschlaf keines der Familienmitglieder mehr passen. Wer noch durchschlüpfen konnte, war zu mager und ernsthaft gefährdet, den Winter nicht zu überstehen.

In der Familie Siebenschläfer gab es ein kleines Siebenschläfermädchen, das wollte nicht und nicht zunehmen. Sie meinte, es wäre unschick, so viel Fett anzulegen, was sollten denn da die schlanken Eichhörnchen denken? Es war der erste Winterschlaf und so konnte die Mutter das eitle Siebenschläfermädchen auch nicht davon überzeugen, es der restlichen Familie gleich zu tun. Das ganze Reden der Mutter half überhaupt nichts, denn was die Mutter erzählte, das war meistens ohnehin nur Schrott, meinte die Siebenschläfergöre.

So blieb das Siebenschläfermädchen schlank und die Mutter machte sich große Sorgen. Fast hätte es ihr selbst auch nicht mehr geschmeckt, aber nachdem sie die Verantwortung für die Familie trug, futterte sich das Muttertier eine ordentliche Speckschicht an, um bald in den langen Schlaf sinken zu können.

Bis auf das Siebenschläfermädchen kam kein Familienmitglied mehr durch das Astloch, alle außer ihm waren gut auf den Winterschlaf vorbereitet.

Der Tag, an dem sich Familie Siebenschläfer zur Ruhe begeben sollte, nahte und wie jedes Jahr wurde dieser Moment mit einem großen Abschlussessen in der Schlafhöhle gefeiert. Satt und müde legten sich alle Siebenschläfer danach hin und schliefen ganz schnell ein. Die Mutter hatte sich zwar immer noch große Sorgen gemacht, konnte aber nach dem reichlichen Essen einfach die Augen nicht mehr aufhalten. Auch das schlanke Siebenschläfermädchen war gut eingeschlafen, doch mitten im Dezember wachte es plötzlich auf. Seine Fettreserven waren beinahe aufgebraucht und ihm knurrte der Magen. Hätte es am Ende doch auf die Mutter hören sollen? Warum musste das Muttertier nur immer Recht behalten?

Da fielen dem Siebenschläfermädchen ihre Eichhörnchenfreunde wieder ein, zu ihnen wollte es gehen, bei ihnen würde es sicher etwas zu fressen bekommen. Als das Nagetier den Bau verließ, da wunderte es sich sehr, der Wald und die ganze Umgebung sahen plötzlich ganz anders aus als damals im September, als sie sich alle schlafen gelegt hatten. Eine dicke weiße Schicht bedeckte alles und kalt war es, bitterkalt. Das Siebenschläfermädchen zitterte am ganzen Leib und wusste nicht, wo es hin sollte. Es wäre wohl auf dem verschneiten Waldboden erfroren, wenn da nicht eine Menschenfamilie ihren Sonntagsspaziergang gemacht hätte. Ein kleines Mädchen lief ganz aufgeregt zu dem abgemagerten Wesen, das da durchgefroren im Schnee lag und rief: „Mama, Papa, kommt schnell, ich habe etwas gefunden!" Der Papa kannte sich mit den Waldtieren aus und wusste sofort, was zu tun war. Also nahm die Familie das Siebenschläfermädchen mit nach Hause. Hier durfte es im Warmen überwintern und bekam genügend zu fressen. So hatte das Menschenkind ein Siebenschläferkind als Spielgefährten bekommen und freute sich über den tierischen Wintergast. Der Vater hatte jedoch gesagt, dass sie das possierliche

Tierchen im Mai in den Wald zurückbringen müssten, damit es wieder in seinen natürlichen Lebensraum finden konnte.

Es war ein langer und harter Winter und sogar im März schneite es immer wieder. Im Wonnemonat Mai war es dann endlich so weit, das Siebenschläfermädchen wurde genau an jener Stelle, an der es gefunden worden war, wieder ausgesetzt. Der Wald und die Umgebung sahen wieder so aus wie vor dem Winter, ein bisschen grüner und schöner, aber der Eingang zum Siebenschläferbau war leicht zu finden. Die ganze Familie schlief noch tief und fest. Doch das Siebenschläfermädchen war so aufgeregt über das Wiedersehen, dass es gleich alle aufweckte. Die Mutter wachte als erste auf und konnte ihr Glück kaum fassen! Ihr Mädchen stand vor ihr, wohlgenährt und lächelnd. Hatte ihre Kleine gar über den Winter zugenommen?! Wie konnte das sein? So sehr hatte sie gefürchtet, dass sie das Kind nur noch tot auffinden würde. Schnell erzählte die jüngste Tochter ihre Geschichte und berichtete von den Abenteuern bei den Menschen. Jetzt staunten die Geschwister nicht schlecht, was die Schwester so alles erlebt hatte, während sie in der Höhle den ganzen Winter verschlafen hatten …

Auf alle Fälle hatte das Siebenschläfermädchen dazugelernt. Das Ganze war zwar ein richtiges Abenteuer gewesen, aber es hätte auch ganz anders ausgehen können. Und außerdem sind Siebenschläfer eigentlich nicht besonders abenteuerlustig. Heuer wollte sich das kleine Siebenschläfermädchen auch so eine dicke Fettschicht anfressen wie der Rest der Familie. Nie wieder würde es aus Eitelkeit das eigene Leben aufs Spiel setzen.

Die ganze Wahrheit über
… „Dornröschen"

Wir gehen davon aus, dass sich vor allem die bekannten Märchen vor langer, langer Zeit wirklich zugetragen haben und dass diese uralten Märchen – je öfter sie weitererzählt wurden – mit den Jahren einen langen, langen Bart bekamen.

Diesen Bart gilt es endlich abzuschneiden. Was wäre, wenn jemand eine Zeitreise gemacht hätte und die wirkliche Geschichte, sagen wir von Dornröschen, erfahren hätte …

Eigentlich stimmt das Märchen im Großen und Ganzen so, wie es die Gebrüder Grimm überliefert haben. Nur bei der Geschichte mit dem Prinzen, da gibt es einen Haken. Der Prinz, der als echter Küsserkönig in die Märchengeschichte einging, war nämlich nicht der erste Prinz, der an Dornröschens Bettstatt trat. Wäre ja auch damals schon ziemlich unrealistisch gewesen, wenn gerade der erstbeste dahergelaufene Prinz auch noch schön, jung, intelligent und witzig gewesen wäre.

Dornröschen wurde ursprünglich von einem ganz anderen Prinzen, sein Name war Prinz Frederick der Heruntergekommene, wach geküsst. Dieser Prinz Frederick war ganz schrecklich anzusehen und roch auch nicht besonders gut. Als Dornröschen durch seinen Kuss aus ihrem hundertjährigen Schlaf erwachte und ihn vor sich sah, fiel sie sogleich wieder in Ohnmacht. Geschwächt von 100 Jahren Märchenschlaf und dann auch noch dieser fürchterliche Anblick!

Aber Prinz Frederick gab nicht auf, er versuchte es mit Mund-zu-Mund-Beatmung. Sein schlechter Atem holte Dornröschen schließlich wieder zurück ins Leben. Hätte sie etwas im Magen gehabt, sie hätte sich zur Begrüßung wohl übergeben müssen. Auf alle Fälle war ihr speiübel, als sie die Augen aufschlug.

Dornröschen wachte also nach hundert Jahren endlich wieder auf und bekam gleich einen Riesenschock, als ihr klar wurde, dass dieses Ekelpaket nun ihr Prinz fürs Leben sein sollte.

Trotz anfänglicher Panik fasste sich Dornröschen sehr schnell. Ihrer weiblichen Intuition folgend, beschloss sie, das Spiel vorerst mitzuspielen und hörte irgendwann damit auf, hysterisch herumzuschreien. Mittlerweile war von ihrem Geschrei auch der ganze Hofstaat erwacht.

Prinz Frederick war nicht nur unansehnlich und die reinste Geruchsbelästigung, er war auch noch alt und trug ungewaschene Kleider am Leib. Wie konnte er nur ein Prinz sein und es wagen, das liebreizende Dornröschen zu erwecken!

Der alternde und noch dazu nicht sehr gescheite Prinz bemerkte nicht einmal Dornröschens offensichtliche Abneigung ihm gegenüber. So fragte er gleich nach dem Hochzeitstermin und wann er denn im Schloss einziehen könne.

Der König und die Königin waren mittlerweile auch hellwach. Ihnen stand das Entsetzen ins Gesicht geschrieben, als sie den vermeintlichen zukünftigen Schwiegersohn erblickten.

Endlich kam Dornröschen die rettende Idee:

„Bevor ich deine Frau werden kann, musst du meinem Vater dem König noch eine Frage beantworten."

Hilfesuchend blickte sie zum König. Er verstand es auch nach hundert Jahren immer noch sehr gut, seiner Tochter die Wünsche von den Augen abzulesen.

„Wie viele Einwohner hat mein Hofstaat?", fragte er wie selbstverständlich.

Dornröschen lächelte beruhigt, was für eine gute Frage!

Prinz Frederick war sichtlich überfordert mit der Beantwortung. Er überlegte angestrengt.

„Wie viele Einwohner ...?", murmelte er. „200 vielleicht?"

„Leider falsch!"

Frederick bekam Dornröschen nicht zur Frau, dafür aber eine fette Abfertigung in Gold, sozusagen als Schweigegeld. Das war ihm eigentlich auch lieber. Dornröschen fiel ein Stein vom Herzen als sich der „falsche" Prinz endlich davon machte. Aber kaum war er weg, kamen die Feen Nummer 12 und 13 angeflogen und beschwerten sich über die Nichteinhaltung ihrer Abmachung. Fee Nummer 13 drohte schon wieder mit Dornröschens Tod. Der König und die Königin hatten jedoch mit den Jahren dazugelernt. Immerhin hatten sie über 100 Jahre Zeit dafür gehabt.

Für Fee Nummer 13 gab es nun den schönsten goldenen Teller des ganzen Landes mit den himmlischsten süßen Köstlichkeiten, die man sich nur vorstellen konnte. Diese großzügige königliche Geste stimmte die verstimmte Fee gütlich und gesprächsbereit. Gemeinsam mit beiden Feen vereinbarte Dornröschen, so lange weiterschlafen zu dürfen, bis für sie der „richtige" Prinz käme.

In den folgenden Wochen fand Dornröschen jedoch nur wenig Schlaf. Weitere elf Prinzen weckten sie immer wieder auf, suchten aber vergeblich ihr Glück. Dornröschen spielte jedes Mal dasselbe Spiel mit den Prinzen. Keinen wollte sie zum Mann haben. Keiner konnte ihr gefallen. Die Fragestellungen des Königs waren natürlich weiterhin unlösbar und die Staatskasse wurde wegen der vielen Abfertigungen immer leerer.

Mittlerweile war es Dornröschen müde, sich von den falschen Prinzen wachküssen zu lassen. 100 Jahre reichen wirklich, um auf den richtigen Mann zu warten. Auch König und Königin waren nicht mehr besonders motiviert, das Spiel weiterzuspielen und die Feen waren sich nicht mehr ganz sicher, ob es richtig war, für Dornröschen immer wieder ein Auge zuzudrücken.

„Ob es ihn überhaupt gibt, meinen Märchenprinzen?", fragte sich Dornröschen, als sie sich wieder einmal zu ihrem Schlafgemach begab. Langsam verlor sie die Hoffnung. All die schrecklichen falschen Prinzen schwirrten in ihrem Kopf herum und machten sie ganz krank vor Sorge. Dornröschen wollte endlich leben und nicht immer wieder schlafend darauf warten, von einem Prinzen erlöst zu werden.

„Den nächsten Prinzen nehme ich!", nahm sie sich ganz fest vor.

Dornröschens Entscheidung stand fest, beim nächsten Prinzen würde alles anders ... und sie versuchte wieder weiterzuschlafen, doch Zweifel plagten sie. „Und was ist nun mit der wahren Liebe?", dachte sie traurig. Scheidungen gab es damals noch nicht. Wenn man sich frühzeitig von seinem Prinzen trennen wollte, musste man ihn schon umbringen.

In trauriger Erwartung und unter bitteren Tränen fiel Dornröschen irgendwann wieder in den traumlosen Rosenheckenschlaf.

Aber meistens dann, wenn man ganz und gar nicht mehr daran glaubt, den richtigen Prinzen fürs Leben zu finden, ja, genau dann kommt er. Das war anscheinend schon immer so, auch im Märchen.

So wartete Dornröschen schlafend ... auf den nächsten Prinzen, den sie zum Mann nehmen würde ... und da kam er endlich, der Prinz aus dem Märchen.

Der erste, der einen Haarschnitt vorzuweisen hatte und angenehm roch.

Dornröschen fand, dass sein Kuss gut schmeckte und machte zum dreizehnten Mal die Augen auf. ER war es! Natürlich beantwortete er auch die Frage des Königs richtig. Dieser Prinz konnte gar nichts falsch machen, er war einfach der Richtige. Dornröschens Augen strahlten und der König fragte den Prinzen voller Freude: „Wie viel ist zwei plus zwei?"

„Vier."

„Richtig!" Intelligent war er also auch noch! Damals konnte man sich nicht sicher sein, ob die Leute rechnen konnten, aber bei einem Prinzen gehörte Mathematik natürlich zur Grundausbildung.

Wow, sah der gut aus. Dornröschen war überglücklich. Und Humor hatte er auch! Das erste, was der Prinz Dornröschen fragte, war nämlich: „Ausgeschlafen?"

Einer Vermählung stand nichts mehr im Wege. Auch der König war erleichtert, endlich hatte das ganze Geschlafe ein Ende. Die Rosenhecke wurde entfernt, das Schloss entstaubt und die Hochzeit – zu der diesmal natürlich alle 13 Feen geladen waren – vorbereitet.

Der Altersunterschied störte den Prinzen nicht, immerhin war Dornröschen auf dem Papier stolze 115 Jahre alt. Nur dem Zeitgeist hinkte Dornröschen nach 100 Jahren Dauerschlaf etwas hinterher. Doch nachdem sich Dornröschen in einem Schnellkurs über die vergangenen hundert Jahre informiert hatte, gingen dem jungen Prinzenpaar auch die Gesprächsthemen nicht mehr aus. Und sie lebten glücklich bis an ihr Lebensende.

Traumhafte Gute-Nacht-Geschichten

Eine Maus träumt vom Käse

Es war einmal … eine Maus, deren Lieblingsbeschäftigung war das Schlafen. Am liebsten hätte sie Tag und Nacht geschlafen, doch irgendwann musste sie ja auch einmal fressen und spielen. Die Mutter der kleinen Schlafmaus hatte immer wieder ihre liebe Not, das Mäuschen aus dem Bett zu bekommen. Das war wirklich nicht so einfach. Das Schlafen machte dem Mäuschen einfach großen Spaß – und erst das Träumen! Von großen Käsebergen träumte das Mäuschen und von riesigen Eimern voll mit Nüssen. Wenn es den Geschwistern von den Traumerlebnissen erzählte, dann wurden diese direkt neidisch.

„Kannst du uns nicht einmal etwas mitbringen aus deinen Träumen?", meinten sie.

„Warum nicht?" Das Mäuschen wollte es versuchen. Als es sich am Abend zum Schlafen hinlegte, da wünschte es sich ganz fest, dass es diesmal etwas aus den bunten Träumen ins echte Leben mitnehmen könnte. Und wirklich, als das Mäuschen am nächsten Morgen erwachte, da lag es nicht mehr auf seinem Kopfkissen, sondern auf einem riesigen Stück Käse. Als die Mutter hereinkam, da wäre sie vor Überraschung fast in Ohnmacht gefallen. So ein großes Stück Käse hatte sie noch nie im Leben gesehen. Käse war im Wald ohnehin etwas sehr Seltenes. Manchmal brachte Vetter Stadtmaus ein paar Krümel davon mit, aber so ein großes Stück war bis jetzt noch nie im Wald bei den Mäusen gelandet. Die Freude war riesig und von nun an war auch das lange Schlafen

erlaubt. Denn immer wieder brachte das Mäuschen für die Familie leckere Sachen aus seinen Träumen mit. Wie machte das Mäuschen das bloß? Ganz einfach, es stellte sich in seinen Träumen vor, wie es den guten Käse, die knackigen Nüsse und die leckeren Beeren in einen großen Gedankensack steckte, und diesen Sack hielt es bis zum Aufwachen fest in seinen Pfötchen. Das war schon eine ganz besondere Gabe, die dieses Schlafmäuschen da hatte. Sein traumhaftes Talent sprach sich eines Tages bis zum Mäusekönig herum. Schon bald schickte er seine Abgesandten, um das Mäuschen zu ihm in den Palast zu holen. „Sei schön artig!", mahnte die Mutter und schon ging die Reise los.

Im Palast angekommen, wurde das Mäuschen gleich zum König gebracht. „Du sollst von Gold und Edelsteinen träumen und mir diese aus deinen Träumen mitbringen!", herrschte der König das kleine Mäuschen an. Dieses war jetzt ganz traurig, weil es gar nicht wusste, wie Gold und Edelsteine aussahen und noch nie im Leben solche Schätze zu Gesicht bekommen hatte.

Doch der König hatte auch ein königliches Mäusekind, ungefähr im selben Alter wie das Mäuschen aus dem Wald. Als es sah, wie böse der Vater zu der kleinen Schlafmaus war, da weinte es bitterlich, denn es hatte ein gutes Herz und großes Mitgefühl mit allen Geschöpfen dieser Welt. Doch alles Weinen half nichts, da musste schon eine gute Idee her, um dem anderen Mäuschen zu helfen.

Der König hatte nämlich gedroht, das Mäuschen töten zu lassen, falls es seine Wünsche nicht erfüllte, und so glaubte es schon, sein letztes Stündlein hätte geschlagen. Es wurde Abend, und es wurde Nacht, und der Schlaf wollte nicht kommen, die Angst vor dem Tod war zu groß. Doch dann kam das kleine Königsmäuschen zu Besuch. Es trug ein Säckchen bei sich und stellte sich artig vor. So reichten sich die Mäusekinder die Pfoten und lächelten sich an. „Ich soll Gold und Edelsteine aus meinen Träumen mitbringen, hat er gesagt, der Herr König, obwohl ich gar nicht weiß, was das ist! Und das habe ich ihm auch zu erklären versucht, aber er hat mich nur ausgelacht!" Im selben Augenblick schüttete das Königsmäuschen den Inhalt des kleinen Säckchens auf den Boden und da fielen dem Waldmäuschen fast die Augen heraus. Wie funkelten diese hellen Goldtaler und die bunten Steine. „Sieh her, so sehen Gold und Edelsteine aus! Falls du keine aus deinen Träumen mitbringen kannst, dann retten dir diese hier vielleicht das Leben."

Und so konnte das Mäuschen doch noch einschlafen und träumte wie immer vom Käse, den es sich mitnahm und heimlich zum Frühstück verspeiste. Denn zum Essen hatte das Mäuschen bis jetzt auch noch nichts bekommen, so war es hilfreich, dass der traumhafte Käse wie zu Hause auch hier im Mäusepalast wieder ins echte Leben mitgekommen war.

Auch am nächsten Abend kam das königliche Mäuschen zu Besuch und brachte dem Waldmäuschen Gold und Edelsteine und dieses lieferte die Schätze tags darauf an den König ab. Eine lange Zeit ging das so. Denn das Waldmäuschen träumte einfach immer nur von köstlichen Leckerbissen, aber nie von Reichtümern.

Eines Tages, da fasste das Mäuschen aus dem Wald, das mittlerweile zu einem stattlichen Mäuserich herangewachsen war, den Mut, den König zu fragen, wie lange seine Traumdienste denn noch dauern sollten. Der Mäusekönig lachte böse: „So lange du lebst, wirst du für mich Gold und Edelsteine träumen, und wenn du es nicht mehr tust, wird es dich Kopf und Kragen kosten!"

In der Zwischenzeit war auch das Königsmäuschen zu einer hübschen Mäuseprinzessin geworden, und wie das Leben so spielt, verliebten sich die beiden Jungmäuse ineinander. Als der Mäuserich erfuhr, dass er sein gesamtes Leben eingesperrt im Schloss verbringen sollte, da wurde er sehr traurig. Und als die Mäuseprinzessin das hörte, konnte sie die Grausamkeit des Vaters kaum fassen. Doch sie hatte den Mäusekönig schon einmal überlistet, warum sollte es ihr nicht auch ein zweites Mal gelingen. So heckte die schlaue Mäuseprinzessin wieder einen Plan aus.

Der Mäuserich sollte sich tot stellen und die Mäuseprinzessin würde ihn auffinden. Natürlich hatte die Prinzessin im Schloss ihre

Helferlein und so plante der halbe Hofstaat einen Komplott zugunsten der verliebten Mäuse und gegen den König. Sogar der Leibarzt spielte mit, denn eigentlich konnte den König niemand so recht leiden. So wurde der Mäuserich für tot erklärt und entkam damit seiner lebenslangen Gefangenschaft. Doch wollte er nicht mehr ohne seine Mäuseprinzessin sein, und so brauchte es schon wieder eine List.

Was einmal funktioniert hatte, das musste auch ein zweites Mal gehen. So stürzte die Prinzessin zwei Tage später „offiziell" vom Schlossturm und ihr Tod wurde vom Leibarzt des Königs bestätigt. Schnell schaffte man das süße Mäuschen nach draußen, damit es fliehen konnte. Der Mäuserich hatte es nicht übers Herz gebracht, allein zu flüchten, und so hatte er sehnsuchtsvoll vor dem Schloss gewartet. Und zwei Tage später war sie wirklich gekommen, seine Liebste. Gemeinsam kehrten sie zur Familie des Mäuserichs heim und wurden herzlich willkommen geheißen.

Der alte Mäusekönig jedoch musste feststellen, dass sich seine vom Mäuserich herbeigeträumten Schätze in Luft aufgelöst hatten. Denn als er eines Tages seine Schatzkammern besuchte, da waren es noch genauso viele Goldmünzen und Edelsteine wie früher. Der geizige Herrscher ärgerte sich über den verlorenen Schatz und wurde so wütend, dass er vor Zorn tot umfiel. Dieses Mal handelte es sich um keine List und der König wurde zu Grabe getragen.

Die Kunde vom Tod des Königs verbreitete sich wie ein Lauffeuer im Land. Auch die Prinzessin erfuhr davon. Bald schon kehrte sie mit ihrem Mäuserich in den Palast zurück und regierte das Mäusereich von nun an gerecht und gütig.

So lebten sie fortan glücklich und ohne Sorgen und wenn der Mäuserich nicht gestorben ist, dann träumt er noch heute vom guten Käse und nimmt seiner Frau, der Mäusekönigin, jeden Tag ein ganz großes Stück zum Frühstück mit.

Die erste Nacht in einem fremden Bett

Es war einmal … eine Oma, die erzählte ihren Enkelkindern gern von der Weisheit des Schlafes, zum Beispiel, dass die Träume in der ersten Nacht in einem fremden Bett in Erfüllung gehen sollen. So gab sie dieses traumhafte Wissen weiter, damit es nicht in Vergessenheit geriet.

Eine der Enkelinnen war stets sehr aufmerksam, wenn sie die erste Nacht in einem fremden Bett verbrachte. Zum Beispiel im Urlaub oder wenn sie beruflich in einer anderen Stadt übernachten musste. Natürlich erzählte sie ihre „Erste-Nacht-Geschichte" nur den Leuten weiter, die solche Dinge verstanden. Also eher wenigen.

Der nächste Urlaub nahte. Eine Rundreise mit dem Auto war geplant. Fast jeden Tag würde die junge Frau in einem anderen Bett schlafen, was für eine Freude! Ihrem Freund erzählte sie nichts von ihrem traumhaften Glauben und so konnte die Traumreise losgehen.

Im ersten Hotel, da waren die Betten wirklich sehr, sehr schlecht. Hart und dünn die Matratzen und an Schlaf war erst zu denken, als die Erschöpfung die Schlaflosigkeit ablöste. Kein einziger Traum war ihr in Erinnerung geblieben. Müde ging die Reise weiter.

Im zweiten Hotel sahen die Betten schon besser aus. Der gute Schlaf kam sehr schnell und entschädigte für die durchwachte Nacht am Vortag. Doch konnte sie sich auch diesmal an keinen einzigen Traum erinnern. Seltsam. Sonst wusste sie morgens eigentlich immer, was sie in der Nacht geträumt hatte. Während der Weiterfahrt erzählte ihr Freund, dass er heute Nacht etwas Sonderbares geträumt habe.

Die Frau wurde neugierig: „Was hast du denn geträumt?", wollte sie wissen.

„Wir haben gemeinsam Kirschen gegessen, und du hast zu mir gesagt, ich soll die Kerne nicht auf die Straße spucken, sondern sie sammeln und damit Kirschenbäume pflanzen. Und das habe ich dann auch getan."

Oh, jetzt wurde der jungen Frau ganz warm ums Herz. Sie konnte den Traum sehr wohl deuten. Doch sie sagte nichts und genoss still die traumhaften Botschaften.

In der nächsten Nacht träumte die Frau schon wieder nichts oder konnte sich zumindest die Träume nicht merken. Ob wohl der Gefährte abermals so einen schönen Traum gehabt hatte wie in der vergangenen Nacht?

Schon beim Frühstück begann er zu erzählen: „Stell dir vor, was ich heute Nacht wieder geträumt habe. Wir sind mit dem Auto gefahren und kamen in ein eigenartiges Unwetter. Es hat total oft geblitzt, aber komischerweise hat es nie gedonnert, wirklich ein seltsamer Traum!"

Die Erfüllung dieses Traumes ließ nicht lange auf sich warten. Denn an jenem Tag gerieten die beiden mit dem Auto in eine Radarfalle, und es blitzte drei Mal ordentlich.

Was würde der Liebste wohl in der kommenden Nacht träumen, dachte die junge Frau beim Einschlafen. Doch heute Nacht war sie es, die träumen sollte. Die Handlung war recht einfach, ein Häschen hoppelte auf einer grünen Wiese, und sie versuchte es einzufangen. Schließlich kam das Häschen freiwillig zu ihr und setzte sich auf ihren Schoss.

„Ein Fruchtbarkeitstraum!", dachte die junge Frau, als sie erwachte und sich noch sehr genau an das Geträumte erinnerte. Hatte sie die Pille genommen? Im Urlaub ist alles nicht so genau ... Zuerst der Kirschentraum und jetzt auch noch das Häschen. Aber vielleicht hatte sie ja nur alles falsch interpretiert. Sie nahm sich vor, zu Hause ihrer Großmutter davon zu erzählen.

Diese lächelte nur wissend und wirklich: Neun Monate später wurde ein Kindlein geboren. In der ersten Nacht im Krankenhaus träumte die junge Frau von einer Sternschnuppe. Und sie wünschte sich im Traum ein glückliches und gesundes Leben für ihr Kind. Und so war es dann auch, denn die Träume der ersten Nacht in einem fremden Bett gehen in Erfüllung!

Und wie es das traumhafte Leben so haben wollte, schenkte die Frau ihrem Mann danach noch drei weitere Kinder. Und für ein jedes seiner Kinder pflanzte der Vater einen Kirschbaum im Garten, denn auch er erinnerte sich noch an seinen wundersamen Traum in jener Urlaubsnacht.

Der alte Baum

Es war einmal ... eine Linde, die stand auf einer Lichtung im Wald und war schon sehr, sehr alt. Und wenn etwas sehr lange lebt, entwickelt es seine eigene Art von Magie. Eines Tages kam ein Mädchen zu dem Baum. Es war sehr traurig und die Linde wusste nicht warum.

Das Mädchen schüttete ihr sein Herz aus und erzählte sein Leid. „Ach, mein lieber Baum, ich bin so verzagt, alle Leute lachen mich wegen meiner Knollennase aus. Sie sitzt mitten in meinem Gesicht wie eine große Kartoffel und jeder Mann und jede Frau sieht nur dieses dicke Ding an mir."

Das Mädchen weinte bitterlich und der Baum war sehr gerührt über das menschliche Leid. So sprach die Linde zu dem Mädchen: „Die Menschen sind oberflächlich, sie sehen nicht in dein Herz, sie sehen nur deine Nase. Sie lachen dich aus, zeigen mit dem Finger auf dich und sie gehen weiter. Sie sind sich nicht bewusst, wie sehr sie dich damit verletzen, oder es ist ihnen sogar egal. Aber du, liebes Mädchen, du bestehst nicht nur aus deiner Nase, sondern bist im Innersten so ein schönes Wesen, dass ich dich gerne erlösen will von deiner Pein. Leg dich nieder am Fuß meines Stammes und schlafe. Im Traum wird es zu einer Verwandlung kommen."

Das Mädchen bettete ihren Kopf auf eine Wurzel der mächtigen Zauberlinde. Die Magie des Baumes sorgte dafür, dass es, während es schlief, ein süßes Stupsnäschen bekam. Die alte Nasenform verewigte sich im Baum, der von nun an mit einer dicken Knolle an seinem Stamm geschmückt war.

Das Wunder sprach sich schnell herum. Das Mädchen war von nun an das Schönste im Dorf und wurde von allen bewundert.

Doch niemandem hatte die Schöne bisher verraten, wo denn die dicke Knollennase geblieben war.

Als schließlich der König des Landes von diesem „Wunder" erfuhr, rief er die junge Schöne zu sich. Er hatte eine Tochter und diese war sehr eitel. Sie wollte zeit ihres Lebens kleinere Füße haben, damit ihre prunkvollen Schuhe noch zierlicher wirkten.

So befragte er das Mädchen aus dem Dorf, was es denn mit seinem Stupsnäschen auf sich hatte und wo seine dicke Nase geblieben war. Das Mädchen wollte auch dem König sein Geheimnis nicht verraten, da dieser aber drohte, ihr die schöne neue Nase abzuschneiden, sprach sie aus lauter Angst nun doch über die wundersame Begebenheit.

Als der König die Wundergeschichte hörte, da packte er seine Tochter in eine Kutsche und fuhr mit ihr zu jener Zauberlinde. Der König befahl dem Baum, die Füße der Prinzessin auf der Stelle kleiner zu machen.

Die Linde schmunzelte innerlich und meinte, der König solle den Wald verlassen, und die Prinzessin solle über Nacht bei ihr bleiben, denn sonst könnte das Wunder nicht geschehen. Ach wie freute sich die stolze Prinzessin auf ihre neuen kleinen Füßchen! Und so begab sich der König wieder auf sein Schloss und ließ die Tochter mit dem Baum allein.

Doch die alte Zauberlinde konnte äußere Schönheit nur dann herbeizaubern, wenn auch eine innere Schönheit vorhanden war. Die Königstochter aber war eitel und zu dem armen Mädchen immer gemein gewesen, als es noch eine große Nase gehabt hatte.

Schnell schlief die hochnäsige Prinzessin ein, doch als sie wieder erwachte, da war die Not groß. Denn ihre Füße waren so sehr geschrumpft, dass sie gar nicht mehr richtig damit gehen konnte.

Als der König das sah, war er außer sich vor Wut. Er schrie den Baum wütend an und drohte, ihn fällen zu lassen. Doch der Baum war davon nicht sehr beeindruckt. Er fasste mit einer seiner mächtigen Wurzeln nach dem König und warf diesen mit großem

Schwung auf die andere Seite der Erde. Jetzt war die Not doppelt groß! Die Prinzessin flehte die Zauberlinde an, den Vater wieder zurückzubringen. Sie versprach, sich zu bessern und in Zukunft niemanden mehr zu verspotten. Die Zauberlinde stimmte in den Handel ein. Der König kam zurück und konnte sich an nichts mehr erinnern. Und die Füße der Prinzessin wuchsen und erreichten bald ihre normale Größe. So war alles wieder gut geworden. Sogar das Herz der Prinzessin, die von nun an wirklich ein besserer Mensch wurde. Sie entschuldigte sich bei der Dorfschönen für alles, was sie ihr angetan hatte und lud sie ein, fortan als ihre Freundin auf dem Schloss zu wohnen.

Die alte Zauberlinde steht noch heute im Wald und wartet darauf, dass sie Menschen, die reinen Herzens sind, im Schlaf ihre Träume erfüllt und ihr Leben dadurch glücklicher macht. Als Erkennungszeichen trägt sie noch immer die Knollennase des jungen Mädchens, und wer im Wald die Augen offen hält, der wird jenen Zauberbaum auch erkennen.

Der Traumelf

Es war einmal … ein Traumelf, der verteilte in der Nacht die schönen Träume. Jeder Traumelf hatte seine Träumerinnen und Träumer, die er regelmäßig besuchte. So flog der Elf immer wieder zu einer wunderschönen Frau, und wenn er die Träume abgeliefert hatte, konnte er einfach nicht gleich wieder fortfliegen. Er saß oft noch lange an ihrem Bett und bewunderte sie, während sie schlief. Doch je länger er da sitzen blieb, desto mehr verliebte er sich in das Menschenkind und das durfte eigentlich nicht sein. Und noch etwas passierte: Der zarte Elf tauchte plötzlich in den Träumen der Frau auf und auch sie verliebte sich in ihn.

Obwohl der Traumelf niemandem davon erzählte, sprach sich diese verbotene Liebe bald schon im Elfenreich herum, denn Elfen können in den Träumen und Gedanken der Menschen lesen. So wurde der Traumelf für seine Liebe zu der Frau aus Fleisch und Blut bestraft. Er durfte nicht mehr zu jener schönen Träumerin fliegen, und musste von nun an auf der anderen Seite der Erde seine Traumdienste tun.

Doch was die Liebe vermag, das kann kein Verbot bestimmen. Denn die Frau träumte weiterhin von ihrem Traumelf und zog ihn magisch in ihre Träume. So lebten sie in der Traumwelt jede Nacht ein gemeinsames Leben und die Frau war so glücklich in ihren Träumen, dass sie gar nicht mehr aufwachen wollte.

Doch am Tag fehlte ihr der lichte Elf, nichts wollte sie mehr freuen, außer so schnell wie möglich in den Schlaf zu sinken und ihren Geliebten zu treffen. Auch der Traumelf war es müde, fremde Träume auszutragen, er wäre am liebsten für immer und ewig in den sehnsuchtsvollen Träumen der lieben Frau geblieben.

Die Frau wünschte sich nichts sehnlicher, als mit ihrem Traumelf für immer und ewig vereint zu sein. „Wenn das auch dein Wunsch ist, dann sei er dir erfüllt!", flüsterte eines Tages der oberste Traumelf, der diese seltsame Liebesgeschichte schon seit Längerem beobachtete.

So entschlief die junge Frau eines nachts ganz sanft und flog mit ihrem Traumelf davon ins Sternenreich. Dort suchten sich die beiden eine Traumwolke und waren glücklich miteinander. Und wenn man am Himmel rosarote Wölkchen sieht, und ganz genau hinschaut, dann könnte man meinen, in der Wolkenform ein Liebespaar zu erkennen.

Lustige Gute-Nacht-Geschichten

Der Ritter vom Keks

Es war einmal … eine junge Frau. Als sie geboren wurde, waren so wie bei anderen Menschenkindern auch, viele gute Geister anwesend und natürlich auch gute Feen, um das Neugeborene zu segnen und ihm gute Eigenschaften und Talente mit auf den Lebensweg zu geben. Doch eine der guten Feen verspätete sich und traf erst bei dem Kind ein, als die Segnungs-Zeremonie schon zu Ende war. Die guten Geister und Feen hatten dem kleinen Mädchen bereits alle ihre guten Wünsche in die Wiege gelegt, liebevoll sollte es werden und fröhlich. Schöne Worte sollte es gebrauchen und ein freundliches Wesen sollte es haben. Die Wünsche für das Kind waren besiegelt und so konnte es losgehen, das neue Erdenleben.

Die verspätete Fee war durch einen Notfall im Himmel aufgehalten worden. Es war die Fee, die für Geschicklichkeit zuständig war, und diese wurde gerade gebraucht, um ein Menschenleben auf einem hohen Berg zu retten. So trat das kleine Fräulein seinen Lebensweg ganz ohne Geschicklichkeit an. Es stolperte durch sein Leben und ließ kein Missgeschick aus. Von den anderen Menschen wurde das Fräulein als tollpatschig bezeichnet und manchmal sogar ausgelacht. Die Fee im Himmel wollte ihr Zuspätkommen bei der Geburt wieder gutmachen und so überlegte sie, wie sie dem Erdenfräulein helfen konnte.

Die junge Frau war im Oberstübchen wohl sehr gescheit und findig, doch wenn sie ihre Pläne in die Tat umsetzen wollte, dann passierte immer etwas, das man als „ungeschickt" hätte bezeichnen können. Aber wie sollte das junge Ding etwas lernen, das in

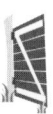

seinem Lebensplan nicht angelegt war? Das war unmöglich. Doch weil die junge Frau klug war, kam sie trotzdem ganz gut durchs Leben und verwirklichte ihre Wünsche und Träume auf ihre eigene Art.

Einmal in der Weihnachtszeit beschloss sie, Kekse zu backen. Doch als die Kekse fertig waren und sie diese aus dem Ofen nehmen wollte, stolperte sie über die eigenen Beine und ließ das ganze Keksblech auf den Boden fallen. Jetzt war das Fräulein traurig, es hatte sich solche Mühe gegeben, und schön wären sie geworden, die liebevollen Kekse in den verschiedensten Formen. Nun lag da nur noch ein Haufen Kekskrümel auf dem Boden verteilt und die junge Frau fing bitterlich zu weinen an.

Die Fee im Himmel konnte die Tränen spüren und so wurde es auf einmal ganz nass und feucht im Feenreich. Mit ihrem Feenrohr sah sie auf die Erde und entdeckte das weinende Fräulein. Jetzt musste die gute Fee aber wirklich etwas unternehmen. Schließlich war es ja eigentlich ihre Schuld, dass das Mädchen so ungeschickt war. Schnell schlug sie in ihrem Buch der himmlischen Helfer nach und fand unter dem Buchstaben K folgenden Eintrag:

K: Keks, Ritter vom.

Ja, genau, der alte Ritter musste jetzt ausrücken, um die Keksmisere wieder zu richten.

So rief die Fee nach dem edlen Ritter, der schon vor vielen, vielen Jahren eingerostet war. Einsam ritt er auf seinem Wolkenpferd herum und dachte gar nicht daran, wieder einmal auf die Erde zu galoppieren.

„Ritter vom Keks, wir brauchen deine Hilfe auf der Erde, du sollst einem lieben Mädchen zur Seite stehen!"

Der Ritter war nicht gerade angetan von diesem Auftrag. „Ach was, ich bin doch schon so alt und eingerostet, die letzten Kekse habe ich wohl vor über hundert Jahren gerettet."

Doch als der rostige Ritter durch das Feenrohr das traurige Fräulein mit seinen zerstörten Keksen in der Küche sitzen sah, da wurde ihm ganz warm ums Herz. Diesem lieblichen Wesen wollte er gern zu Hilfe kommen. Und so flog er mit seinem Wolkenpferd zur Erde, berührte mit seiner Lanze die zerbrochenen Kekse des Fräuleins und schon waren sie wieder ganz geworden. Die junge Frau klatschte vor Begeisterung in die Hände und als der Ritter sah, wie ungeschickt dieses Erdenwesen war, da beschloss er zu bleiben und fortan zu helfen, wo es ging. Der Ritter vom Keks war nämlich außerordentlich geschickt, nicht nur, wenn es um die Wiederherstellung von Keksen ging.

Endlich konnte das Fräulein unter der Aufsicht des freundlichen Ritters ihre geliebten Kekse backen, ohne sie gleich wieder kaputt zu machen. Und weil sie so gut schmeckten, machte das Fräulein ein kleines Geschäft auf, in dem sich auch andere Menschen diese Kekse schmecken ließen.

Die junge Frau wurde ab sofort nur mehr „Fräulein von Keks" genannt. Und so lebte sie gemeinsam mit ihrem „Ritter vom Keks" glücklich und zufrieden. Und wenn sie nicht gestorben ist, dann backt sie noch heute ihre Kekse, und der geschickte Ritter achtet darauf, dass sie auch ganz bleiben.

Der rosarote Elefant

Es war einmal ... ein rosaroter Elefant, den es gar nicht gab. Doch existierte da diese Gedankenübung in vielen Seminaren, in denen es um Mentaltraining geht: „Versuchen Sie, jetzt NICHT an einen rosaroten Elefanten zu denken!" Und was machten die Menschen in diesen Seminaren, sie stellten sich natürlich sofort einen rosaroten Elefanten vor. So kam es, dass sich immer mehr Leute auf der ganzen Welt rosarote Elefanten vorstellten, denn Seminare für Mentaltraining waren rund um den Globus beliebt.

Eines schönen Tages war es dann so weit. Die kritische Masse an Rosarote-Elefanten-Vorstellungen war erreicht und so kam es, dass der erste rosarote Elefant in einem Zoo geboren wurde. Die Tierpfleger konnten es kaum glauben, „Ein rosarotes Wunder!", stand in der Zeitung. Und der Zoo hatte noch nie so viele Besucher gehabt. Die Leute staunten, als sie den kleinen rosaroten Elefanten sahen, den sie sich in den vielen Mentalseminaren NICHT hätten vorstellen sollen. Und natürlich wussten sie nicht, dass sie selbst es gewesen waren, die dieses rosarote Wunder ermöglicht hatten.

Ab diesem Zeitpunkt kamen rund um den Erdball rosarote Elefanten auf die Welt, manche in Zoos und andere wieder in der freien Wildbahn. Mit der Zeit wurde die Existenz von rosaroten Elefanten zur Selbstverständlichkeit und kein Mentaltrainer kam mehr auf die Idee, seine Seminarteilnehmer mit der Aufforderung, sich KEINEN rosaroten Elefanten vorzustellen, zu beglücken.

So bleibt zu hoffen, dass die vielen Trainer und Coaches jetzt hoffentlich bald auf die Idee kommen, sich KEINE gelb-orangen Lachdrachen vorzustellen, denn diese würden unsere Welt nicht nur viel bunter, sondern auch viel lustiger machen.

Das Sockenmonster

Es war einmal … eine Frau, die wusch ihre Wäsche und machte auch sonst allerhand Arbeiten, damit der Haushalt florierte und die Familienmitglieder glücklich waren. Bei jedem Waschgang geschah es jedoch, dass ein bis zwei Socken auf mysteriöse Weise verschwanden. Die älteren Kinder beschwerten sich und der Mann konnte einfach nicht verstehen, warum von seinen blauen Lieblingssocken nur noch einer die Waschmaschine verließ und der zweite spurlos verschwunden war.

Die Frau wusste natürlich auch nicht, wohin die fehlenden Socken „gegangen" waren, nur eins wusste sie: Das passierte nicht nur in ihrem Haushalt, sondern auch bei ihren Freundinnen. Der Mann wollte der Sache auf den Grund gehen und bot an, die nächste Sockenwäsche zu übernehmen.

„Ein Wunder!", frohlockte die Frau, die zum ersten Mal beim Wäschewaschen Unterstützung von ihrem Mann bekam.

„Was, die andere Wäsche soll ich auch waschen?!", meinte er jedoch entrüstet, als er den vollen Wäschekorb sah.

„Nicht du musst die Wäsche waschen, das macht schon die Waschmaschine!", klärte die Frau den Mann auf.

Nun gut, das könnte funktionieren. Die Infos über Programmwahl und Waschmittel wurden in Erfahrung gebracht und die Socken vor dem Waschgang abgezählt. 6 Paar Kindersocken = 12 Socken, plus 4 Paar Elternsocken = 8 Socken, macht zusammen 20 Socken in der Maschine. Der Mann notierte die Anzahl der Socken und ließ die Waschmaschine arbeiten.

Als er wiederkam, um die Wäsche aus der Trommel zu holen und die Socken nachzuzählen, musste er feststellen, dass eine

Socke fehlte. Wie konnte das sein? Es handelte sich um eine rot-weiß-gestreifte Kindersocke. Sie war einfach nicht mehr da! Er durchsuchte die Waschmaschine, doch die Socke blieb verschwunden. Er hatte die Socken doch vorher selbst abgezählt!

Doch der frisch eingeschulte Wäscher gab nicht auf, beim nächsten Waschgang wollte er wieder Buch führen und dem Geheimnis der verschwindenden Socken auf die Spur kommen. Diesmal blieb er direkt vor der Waschmaschine sitzen, um sicher zu gehen, dass ihn seine Frau nicht geneckt hatte. Vielleicht war sie es ja gewesen, die eine Socke aus der Maschine genommen hatte, um ihn hinters Licht zu führen und zum Wäschewaschen zu bringen? Doch der Waschgang dauerte einfach zu lange, und so nickte der Sockendetektiv beim Wacheschieben ein.

Als er erwachte, war das Waschprogramm längst abgelaufen. 14 Socken mussten es sein, aber nein, nicht schon wieder, es waren nur noch 13! Das war nun wirklich nicht mehr lustig, Socken können doch nicht einfach verschwinden! Beim nächsten Mal wollte er noch besser aufpassen.

Fünf Paar Socken wanderten diesmal in die Waschmaschine. Bewaffnet mit einem starken Kaffee wollte der Mann keinen einzigen Moment des Waschgangs verpassen. Die Wäsche war fertig, die Waschmaschine machte das verräterische „Klack", dieses Zeichen, dass die Tür bereit zum Aufmachen war und just in diesen Moment fegte etwas Großes, Buntes in den Raum, eine Art aufgeblähter Sack, aus dessen Öffnung lauter verschiedenfarbige Socken quollen. So dick und breit es war, so schnell und flink bewegte sich dieses etwas, dass man gar keinen ordentlichen Blick erhaschen konnte. Der Mann glaubte zu träumen und konnte sich vor Schreck gar nicht rühren, als er dieses bunte Etwas auf sich zukommen sah. „Es" öffnete wie selbstverständlich das Bullauge der Waschmaschine und fischte sich einen frisch gewaschenen Socken heraus. So schnell es gekommen war, war dieses „Ding" auch wieder verschwunden. Verdutzt saß der Mann vor der Waschmaschine und glaubte an einen Tagtraum. Jetzt kam der kleine Sohn zur

Badezimmertür herein und fragte den Vater, ob denn das Sockenmonster schon wieder einen Socken geholt hätte?

„Was? Das Sockenmonster?"

„Ja", meinte der Kleine ganz selbstverständlich, „das Sockenmonster, das kommt jedes Mal und holt sich einen frisch gewaschenen Socken von uns, sonst verhungert es ja."

Nun war der Vater noch ein bisschen verdutzter. Das Sockenmonster war also tatsächlich der Grund für das Verschwinden der
vielen Socken! Endlich gab es eine Erklärung, zwar keine besonders rationelle, aber immerhin hatte der Mann das Sockenmonster mit eigenen Augen gesehen. Beim nächsten Mal wollte er dieses Ding ansprechen und die Socken zurückverlangen, immerhin
war auch einer seiner Lieblingssocken dabei!

Beim nächsten Waschgang nahm der Mann seinen ganzen Mut
zusammen und sprach das Ungetüm an: „Warum klaust du unsere
Socken?", fragte der Mann ohne jegliche Umschweife. Doch das
Sockenmonster zeigte sich unbeeindruckt, schnappte sich einen Socken aus der Trommel und verschwand. „Na warte!", dachte der
Mann, „dir werd ichs zeigen!". So baute er eine Falle auf, um das
Sockenmonster festzuhalten. Er legte eine Schlinge vor der Waschmaschine aus und als das Ungetüm wieder zuschlagen wollte, zog
er die Schlinge mit einem Ruck zu und hatte es damit gefesselt.
Jetzt wand sich das Sockenmonster fürchterlich und versuchte zu
entkommen, doch es hatte keine Chance.

„Lass mich frei!", bat es. „Lass mich frei!"

„Nur wenn du mir meine Lieblingssocke zurückgibst und den
Rest der Socken, die du unserer Familie gestohlen hast!"

Das Sockenmonster spuckte jetzt so viele Socken aus, dass der
Mann unter einem Sockenberg begraben wurde. Jetzt war das
Monster so dünn geworden, dass es sich alleine aus der Schlinge
befreien konnte. Schnell war es wieder verschwunden.

Der Mann hatte es geschafft, das Sockenmonster zu besiegen,
denn ab diesem Zeitpunkt verschwand nie wieder eine Socke aus
der Waschmaschine!

„Wie hast du das gemacht?", fragte die Frau erstaunt. Die Geschichte vom Sockenmonster nahm sie ihm natürlich nicht ab. Dafür war der kleine Sohn ganz enttäuscht, dass das Sockenmonster jetzt nie wieder kam.

Das Ungetüm hatte noch viele andere Haushalte, die es besuchte und falls auch bei euch zu Hause manchmal einzelne Socken verschwinden, dann könnte es sein, dass das Sockenmonster zu Besuch war!

Die Kugel und der Storch
unter einem Hut

Es war einmal … eine lustige Kugel, die rollte fröhlich durchs Leben. Es war eine Freude, ihr dabei zuzusehen und so hatte das runde Ding viele Bewunderer, die auch gern so herrlich durch die Landschaft gerollt wären. Doch da sie nicht so rund wie eine Kugel waren, gelang ihnen das nicht.

So geschah es, dass die liebe Kugel eines Tages von einem Verehrer einen Hut geschenkt bekam. Ein ganz feiner Hut war das, sehr hübsch anzusehen und die Kugel fühlte sich sehr geschmeichelt über diese edle Gabe.

„Was soll ich denn mit dem Hut?", frage sie ihren Gönner.

„Ja, aufsetzen sollst du ihn, was denn sonst!?"

Die Kugel hatte keine Ahnung vom Tragen von Hüten, doch anscheinend sollte das schick sein. So wurde der Kugel an jenem Tag zum ersten Mal ein Hut aufgesetzt.

„Sehr fein!", meinte der Kugel-Bewunderer.

„Wirklich hübsch!", applaudierten weitere Zuschauer.

Die Kugel wollte weiterrollen, aber was war das? Bei der nächsten schwungvollen Umdrehung flog der Hut in weitem Bogen davon und die Kugel blieb stehen. So setzte man der Kugel den Hut wieder auf. Und so weiter und so fort. Immer dann, wenn sich die Kugel bewegte, verlor sie natürlich den Hut.

Jetzt war die Kugel ganz traurig. Sie wollte den Hut gern behalten, aber dann konnte sie nicht mehr lustig herumrollen und Freude haben. Doch auch der Hut bereitete ihr jetzt Freude: Was sollte sie bloß tun? Am besten gar nichts, dachte die Kugel und

blieb einfach stehen. Der Hut sah drollig aus und blieb an seinem Platz, ganz so wie die Kugel selbst.

Nach ein paar Tagen, da wurde die Kugel noch sehr viel trauriger. Die Bewunderer waren verschwunden, denn alle wollten das runde Ding rollen sehen und nicht nur herumstehen so wie jetzt. An dem Hut erfreute sich nur noch die Kugel. Doch dann kam ein Storch angeflogen und damit sollte sich einiges ändern.

„Hallo, du gut behütete Kugel, ich bin der feine Storch und fliege, wohin es mir gefällt."

„Freut mich, feiner Storch, ich bin die Kugel mit dem Hut, aber ich traue mich nicht mehr herumzukugeln, denn sonst verliere ich wieder meine schöne Kopfbedeckung!"

„Oh ja, dein Hut gefällt auch mir sehr gut, darf ich ihn einmal anprobieren?"

„Warum denn nicht?"

Oh, wie gut dem feinen Storch dieser feine Hut stand! Das fand auch die Kugel.

„Warte", sagte sie, „ich will ein bisschen herumkugeln, du kannst einstweilen meinen Hut tragen!"

Und so rollte sie fröhlich in der Landschaft herum und der feine Storch folgte ihr mit dem noch feineren Hut auf dem Kopf.

Als die Kugel sich ausgerollt hatte, da blieb sie im Schatten eines Baumes liegen und der Storch brachte ihr den Hut zurück.

„Das gefällt mir, wenn du meinen Hut aufhast, da kann ich mich so richtig austoben! Was hältst du davon, wenn wir das ab sofort immer so machen?"

Der Storch war einverstanden, nirgends im ganzen Land hätte er jemals einen so feinen Hut auftreiben können und auch keine so feine Kugel. Denn der Storch und die Kugel verstanden sich sehr gut und wurden Freunde.

Der Storch mit dem Hut und die Kugel mit dem Hut, alles zu seiner Zeit. Eine sehr gute Lösung war das! Die Bewunderer staunten über den Ideenreichtum der beiden Geschöpfe und klatschten vor Begeisterung in die Hände.

„Hey, schau mal, da kommt die fröhliche Kugel gerollt", hörte man die Leute wieder rufen. „Und da oben, da fliegt der Storch mit ihrem Hut! Wenn sie stehen bleibt, dann setzt er ihr den Hut auf, warte, gleich ist es wieder soweit!"

So wurden Storch und Kugel zu einer ganz besonderen Attraktion im Land. Schön war es, den beiden zuzusehen, der elegante Storch mit dem feinen Hut und die geschmeidige Kugel, wie sie beinahe lautlos über die Landschaft glitt. Ein ungleiches Paar, das sich immer wieder neu fand.

Was sie verband, war am Anfang der feine Hut gewesen, aber schon bald war es eine ganz besondere Freundschaft, die sie immer wieder zusammenführte. Und der gemeinsame Hut steht ihnen noch immer sehr, sehr gut!

Der Einwegprinz

Es war einmal … eine Prinzessin, die war sehr schön und unternehmungslustig. Ihre Schönheit war im ganzen Land bekannt und wo sie auch auftauchte, wurde sie von den Menschen bewundert. Eines fröhlichen Abends war sie mit ihren Prinzessinnen-Freundinnen wieder einmal unterwegs, um einen großen Ball zu besuchen.

Den halben Abend lang tanzte sie schon mit den interessantesten Prinzen. Ihre Tanzkarte war so voll, dass sie anfänglich nicht einmal dazu kam, sich am Sprudelwasser zu laben oder sich die Prinzessinnennase zu pudern.

Endlich konnte sie sich davonstehlen, und sich ein Schlückchen Sprudelwasser genehmigen. Das prickelnde Getränk schmeckte der Prinzessin so gut, dass sie gleich mehr davon genoss. Den leichten Schwummer-Schwindel führte sie auf den schnellen Walzer zurück, den sie mit Prinz Kunibert zuletzt getanzt hatte. Die Prinzessin hatte bald so viel getrunken, dass sie ihre Prinzessinnen-Freundinnen doppelt sah. Oder waren es wirklich so viele? Egal, der Ball wurde immer lustiger und die Prinzen immer schöner.

Da kam ein glupschaugiger, nicht sehr ansehnlicher Prinz auf die Prinzessin zu und forderte sie zum Tanz auf. Die Prinzessinnen-Freundinnen winkten ab, oh nein, oh graus, wie sieht denn der nur aus? Doch der Prinzessin war es egal, wie dieser Prinz aussah, er zog sie irgendwie magisch an. Eine animalische Leidenschaft, der sie nur schwer widerstehen konnte, ging von ihm aus.

Die Prinzessin tanzte so aufreizend mit dem Prinzen, dass den Freundinnen fast übel wurde vor Peinlichkeit. Als der heiße Tanz vorüber war, stand fest, dass auch der Ballabend für die Prinzessin und den Prinzen mit den Glupschaugen vorbei war. Auf dem schnellsten Weg fuhren sie in das königliche Schloss und fielen in den Gemächern der Prinzessin regelrecht übereinander her.

Es war ein wildes Liebesspiel, das die beiden da trieben. Die Prinzessin im Sprudelrausch und Prinz Glupschauge voller Leidenschaft, als wäre es das erste und letzte Mal, dass sich dieser Prinz mit einer Prinzessin leiblich vermählte. So schön das Liebesspiel begann und sich fortsetzte, so fand es jäh sein schlimmes Ende. Auf dem Höhepunkt des Liebesgipfels gelandet, musste die Prinzessin überrascht feststellen, dass sich ihr Prinz in Luft aufgelöst hatte.

Die Prinzessin zündete eine Kerze an, um nach dem Prinzen zu suchen. Was war das? Die Prinzessin hörte ein leises Quaken. Hatte die weise Amme mit ihren Ammenmärchen also doch recht gehabt. Die Prinzessin hatte einen Froschprinz erwischt!

Seit das Märchen vom Froschkönig bekannt war, kamen viele echte Frösche auf die Idee, sich in Prinzen verwandeln zu lassen. Und es gab eine böse Hexe im Wald, die das gerne machte, um die Prinzessinnen im Land zu ärgern. Erkennen konnte man die Froschprinzen an ihren Glupschaugen und an ihren feuchten Händen. Beide Signale waren an der beschwipsten Prinzessin jedoch spurlos vorübergegangen. Die verzauberten Froschprinzen können sich genau eine Nacht lang als Prinzen vergnügen und müssen dann wieder ihr Dasein als Frösche fristen.

Nachdem die Prinzessin ihren anfänglichen Ekel überwunden hatte, bekam sie Mitleid mit ihrem zurückverwandelten Froschprinz, der jetzt ganz traurig und klein in der Ecke ihres Zimmers saß. Sie setzte ihn auf einen goldenen Teller und brachte ihn am nächsten Morgen in den Schlossgarten. Im Schlossteich fand er ein neues Zuhause und bald auch eine neue Froschfreundin. Doch jedes Mal, wenn die Prinzessin in den Schlossgarten kam, schwamm er zu ihr ans Ufer und schmachtete sie an.

Unsere Prinzessin nahm sich vor, beim nächsten Mal weniger Sprudelwasser zu trinken und sich die Prinzen in Zukunft wieder genauer anzusehen. Insgesamt war sie froh, dass der falsche Prinz ein Frosch war. Gar nicht so schlecht diese Einwegprinzen!

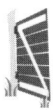 

Zauberhafte Gute-Nacht-Geschichten

Der schlafende König

•

Es war einmal … ein fernes Land, da herrschte ein guter König, der war weise, gerecht und großherzig. Ein Herrscher, wie man ihn sich nur wünschen konnte. Doch auch dieser König musste eines Tages abdanken, und als er merkte, dass seine Lebenskräfte ihn verließen, da zog er sich zurück in seine Gemächer, um sich zur ewigen Ruhe zu legen. Doch bevor er sie finden konnte, kam einer seiner Vertrauten zu ihm und bat um eine letzte Audienz.

„Mein lieber König, euer ungeheures Wissen, euer Großmut, euer gütiges Herz, all das soll der Welt nicht ganz verloren gehen! Ich weiß einen Ort, an dem könnt ihr euch schlafen legen und werdet doch nicht ganz entschwinden, so wie es ein Mensch zu tun pflegt, wenn er ins Jenseits reist."

Der gute König willigte ein und ließ sich an einen Ort bringen, an dem die Zeit still stand. Tief ins Erdinnere drang er vor, bis er angekommen war im Land der Ewigkeit, wo man ihm schon ein gemütliches Bett zum Schlafen vorbereitet hatte. Hier wollte er sich zur ewigen Ruhe begeben und würde der Nachwelt trotzdem erhalten bleiben. Der Gelehrte nahm jenen magischen Ort in die Schlosschronik auf und gab sein Wissen an die königlichen Nachfahren weiter. Von Generation zu Generation wurde diese Geschichte lebendig gehalten. Doch wie es mit Geschichten so geht, glaubte irgendwann niemand mehr, dass diese Begebenheit wahr sein könnte, und sie ging in das Reich der Legenden ein, die von den Landsleuten bald als Kinderkram abgetan wurde.

Doch eines Tages, da gab es in jenem Land ein schlimmes Hochwasser. Die Menschen litten große Not und flüchteten alle auf den einzigen Berg, den es im Königreich gab. Das Wasser stieg und stieg und niemand wusste, ob der Regen jemals wieder aufhören würde.

Wenn die Angst groß ist, dann rücken die Menschen zusammen, dann werden wieder die alten Geschichten erzählt und jeder noch so kleine Hoffnungsschimmer ist ein willkommenes Geschenk. In jenen Tagen des Kummers und der Angst erzählte eine steinalte Frau vom guten König des Landes, der vor vielen, vielen Jahren nicht gestorben war, sondern sich schlafen gelegt hatte, um seinem Volk zu helfen, wenn es in Not war.

Ein kleines Mädchen hörte diese Geschichte und fragte die Alte mit großen Augen: „Wo ist denn nun dieser König, wo schläft er denn, können wir ihn nicht aufwecken und um Hilfe bitten?"

Die Alte glaubte selbst nicht mehr an diese Geschichte, die sie einmal vor langer Zeit von ihrer Großmutter erzählt bekommen hatte: „Er soll in einer Höhle schlafen, die tief im Erdinneren liegt und nur von den höchsten Höhen eines Berges erreicht werden kann." Die Kleine lächelte: „Aber das ist ja ganz einfach, wir haben doch nur diesen einen Berg im Land! Die Schlafstätte des Königs muss ganz in der Nähe sein, ich werde ihn suchen gehen!"

Niemand beachtete das kleine Mädchen und so ging es einfach los. Im strömenden Regen suchte es nach dem schlafenden König. Es war guter Dinge, und kletterte immer höher auf den Berg. Doch plötzlich stellte sich dem Mädchen ein wehrhafter Steinbock in den Weg: „Was willst du so hoch oben auf dem Berg, bis hierher ist seit 1000 Jahren kein Mensch mehr gekommen. Du hast hier nichts zu suchen, dreh wieder um und geh nach Hause!"

„Aber ich habe kein Zuhause mehr. Das viele Wasser hat alle unsere Häuser überschwemmt und wir Menschen aus dem Tal haben uns auf den Berg hier geflüchtet! Und jetzt suche ich nach dem weisen König, der im Erdinneren schläft, um ihn zu fragen, was wir in unserer großen Not tun können!"

Der Steinbock wurde freundlicher: „Den schlafenden König suchst du also, das kann schon sein, dass du ihn hier findest, doch bevor du ihn befragen darfst, musst du beweisen, dass du klug, weise und mutig bist!"

Der Steinbock wies dem Mädchen den Weg zu einer riesigen Höhle, die mitten im Berg lag.

„Hier sind 1000 Laden in der Wand der Höhle, du musst von diesen Laden jene öffnen, die den Schlüssel zu der Tür enthält, hinter welcher der weise König schläft."

Das Mädchen dachte nicht lange nach, ging zu einer der vielen Leitern, die bis zur Höhlendecke reichten, kletterte bis in die Mitte und öffnete eine Lade, die mit einem goldenen Herz verziert war. Dieses goldene Herz war auch im Wappen des Landes zu sehen und so wusste das Mädchen sofort, welche Lade die richtige war.

Es zeigte dem Steinbock den königlichen Schlüssel und er führte die Kleine weiter durch ein verzweigtes Höhlensystem.

„Den Schlüssel hast du jetzt, nun musst du allein weiter, und durch das Höhlenlabyrinth finden!"

Kaum hatte das Tier diese Worte gesprochen, war es auch schon verschwunden. Das Mädchen marschierte los und hielt dabei den Schlüssel fest in der kleinen Hand. Schon bald begegnete ihm eine Schlange.

„Gib mir den Schlüssel", sagte sie, „dann zeige ich dir den richtigen Weg!"

Das Mädchen sah der Schlange in die Augen und bemerkte darin nur Falschheit. Darum gab es den Schlüssel nicht her, sondern setzte seinen Weg allein fort.

Als nächstes kam ein Mäuschen dahergelaufen. „Ich zeige dir den Weg, wenn du mir drei von deinen goldenen Haaren schenkst. Das Mäuschen sah sehr freundlich drein und das Mädchen dachte sich nichts weiter und schenkte dem kleinen Mäuschen drei seiner blonden Haare. Flugs wurde aus dem kleinen Mäuschen ein stattliches Pferd mit einer goldenen Mähne.

„Komm, steig auf, wir reiten zum schlafenden König!"

So ging das gleich viel schneller. Der Ritt durch das Höhlenlabyrinth war aufregend. Ringsum wurde es immer heller, und nach kurzer Zeit auf dem Rücken des Mäusepferdchens wurde der Weg ganz licht, aber zu eng, um auf dem Rücken des Pferdes weiterzukommen. Am Ende es Labyrinths war ein goldener Schimmer zu sehen.

„So, nun musst du wieder allein weiter!", sagte das Mäuschen, es hatte sich zurückverwandelt und das Mädchen bedankte sich artig für die Hilfe.

Das Labyrinth war zu Ende, doch nun stand das Mädchen vor einem strahlenden Abgrund, es leuchtete aus der Tiefe sonnenhell herauf, und ohne nachzudenken, sprang die Kleine in den hellen Glanz hinein. Das Mädchen flog und flog und flog, bis es endlich sanft auf einer goldenen Wolke landete. Auf dieser Wolke schwebte es zu einem riesigen Tor, das aus tausend kleinen Türen bestand. Hinter einem dieser Eingänge würde wohl der weise König auf sie warten. Doch bevor das Mädchen lange überlegen konnte, für welches Tor es sich entscheiden sollte, flog die kleine goldene Wolke zu einer Pforte ganz in der Mitte. Der goldene Schlüssel passte und das Tor öffnete sich.

Das Mädchen konnte kaum glauben, was es jetzt sah, ein riesiger Königspalast lag vor ihm und niemand geringerer als der weise König empfing das Mädchen aufs Herzlichste.

„Es wurde mir schon von deinem Besuch berichtet, und so bin ich aus meinem königlichen Schlaf erwacht, um dich zu empfangen, kleines Mädchen!"

Das Mädchen war ganz aufgeregt. Es gab den weisen König im Berg also wirklich! Es machte einen Hofknicks und dann sprudelte es sogleich drauflos: „Herr König, unser Land geht bald unter, es hat so viel geregnet, dass wir uns auf den Berg haben retten müssen, und es regnet immer weiter. Was können wir tun, um zu überleben?"

Der König sprach: „Flieg mit der goldenen Wolke zurück zum Labyrinth, rufe dort das Mäuschen und schenke ihm wieder drei

deiner goldenen Haare. Das Mäuschen wird sich in einen goldenen Drachen verwandeln und mit ihm fliegst du zur dunklen Regenkrake, die es sich im Himmel über unserem schönen Land gemütlich gemacht hat. Der Drache wird wissen, was dort zu tun ist."

Das Mädchen klatschte vor Freude in die Hände! „Danke, lieber Herr König, dass ihr für uns aufgestanden seid!"

Der König nickte milde und freute sich über den lieblichen Besuch.

„Nun werde ich mich wieder schlafen legen, 1000 Jahre ist es her, dass ich mich hierher begeben habe. Ich hoffe, dass es weitere 1000 Jahre dauert, bis ihr mich wieder befragen kommt – nicht weil ich mich gestört fühle, sondern weil ich mir wünsche, dass ihr keine Not mehr leiden müsst!"

Mit diesen Worten verabschiedete sich der König und das Mädchen verließ den Königspalast im Berg. Vor dem Tor wartete schon die goldene Wolke, die es wieder zum Labyrinth brachte. Wie vorausgesagt verwandelte sich das Mäuschen nun in einen goldenen Drachen und gemeinsam flog das Mädchen mit ihm zur Höhle hinaus. Sie stiegen hoch in den Himmel hinauf, noch viel höher, als es sich das Mädchen jemals hätte träumen lassen. Von Weitem sah es nun die dicke Regenkrake, die das Land unter ihr in den Wassermassen versinken ließ.

Der goldene Drache nahm sogleich den Kampf gegen die Regenkrake auf. Er spie goldene Flammen und attackierte die Krake mit seinen Krallen. Die Krake war zwar mächtig, doch musste sie bald aufgeben. Der Drache gewann den Kampf und schon bald strahlten die ersten goldenen Sonnenstrahlen durch die sich zerstreuende dunkle Wolkendecke.

Schnell brachte der Drache das Mädchen zu seinen Leuten auf dem Berg zurück. Die Menschen waren guter Stimmung, hatten sie doch schon seit Monaten keine Sonnenstrahlen mehr gesehen.

Das Mädchen erzählte seine Geschichte vom guten König, durch dessen Rat die Regenkrake vertrieben worden war. Niemand wollte den Geschichten des Mädchens Glauben schenken, doch da kam plötzlich der goldene Drache geflogen, und die Leute fürchteten sich, weil sie glaubten, ihr letztes Stündchen hätte geschlagen. Nur das Mädchen hatte keine Angst, denn es wusste ja, dass es ein guter Mäusedrache war.

Der Drache hatte dem Mädchen ein Geschenk des Königs mitgebracht. Ein goldenes Buch, in dem die Heldengeschichte des mutigen Mädchens verewigt war, sodass ihre Abenteuer auch der Nachwelt überliefert werden konnten und niemand mehr vergessen würde, dass es einen weisen König im Berg gab, den das Volk um Hilfe bitten konnte, wenn es in Not war.

Das Windkind

Es war einmal … in einer windstillen Nacht, da klapperten die Fensterläden eines Hauses so laut, dass niemand schlafen konnte. Am nächsten Tag beim Frühstück sprachen alle Familienmitglieder über diesen ohrenbetäubenden Lärm und keiner konnte sich erklären, warum die Holzläden der Fenster so wild herumgeflogen waren. Es hat doch gar kein Wind geblasen! Oder doch?

Die Oma meldete sich zu Wort und begann zu erzählen: „Habt ihr schon einmal vom Windkind gehört? Es heißt, es hat sich verlaufen und möchte herein, doch weiß es nicht, dass die Menschen sich fürchten, wenn die Fensterläden so laut klappern. Wer von euch traut sich heute Nacht, die Fenster zu öffnen, wenn die Läden wieder so scheppern?"

Der zehnjährige Ferdinand war ein mutiger kleiner Bursche und so wollte er das Windkind unbedingt zu Gesicht bekommen. Die Eltern schüttelten nur den Kopf: „Oma, du mit deinen alten Geschichten, das wird wohl der Ausläufer eines Sturmes gewesen sein, nicht mehr und nicht weniger."

Die Großmutter ließ sich nicht von den modernen Ansichten der Jungen beirren. „Ja, ja, redet nur, aber wisset, wer das Windkind zu sich einlädt, der kann eine Belohnung erwarten!"

Jetzt war Ferdinand noch motivierter, es zu versuchen. Seine beiden kleinen Schwestern fürchteten sich vor dem Windkind und würden sich wohl ohnehin unter der Bettdecke verstecken, wenn es in der Nacht wieder so laut brausen würde.

Als es Abend wurde, verließ Ferdinand ein bisschen der Mut: „Was, wenn es heute Nacht wirklich wieder so stürmisch wird, vielleicht kann mir die Großmutter beistehen?"

Doch die Oma verneinte: „Das Windkind kommt am liebsten zu ganz jungen Menschenkindern, von alten Omas will es nichts wissen!"

Ferdinand lag in seinem Bett und konnte nicht schlafen. Einerseits wollte er das Windkind nicht verpassen und andererseits hatte er so große Angst davor, ihm zu begegnen, dass ihm die Gedanken darüber den Schlaf raubten.

Kurz vor Mitternacht fing es wieder rund um das Haus zu rumpeln an. Die hölzernen Fensterläden schepperten ganz laut und Ferdinand hielt sich die Ohren zu. Doch dann fielen ihm die Worte der Großmutter wieder ein, dass es eine Belohnung geben sollte, für denjenigen, der das Windkind hereinließ. So nahm der Junge seinen ganzen Mut zusammen, stieg aus dem warmen Bett und öffnete ohne zu zögern das Fenster.

Hui, da brauste schon das Windkind herein und hatte eine helle Freude, dass es jemanden zum Spielen gefunden hatte. Es tanzte in Ferdinands Zimmer herum und hatte im Nu eine riesige Unordnung hereingeblasen. Auch Ferdinand nahm es mit und so sausten die beiden durchs Zimmer wie ein Wirbelwind. Ferdinand hatte vor lauter Überraschung vergessen, sich zu fürchten. Gemeinsam mit dem Windkind kicherte er um die Wette und so flogen die beiden im Zimmer herum, im Kreis, auf und ab, von links nach rechts und so weiter. Als plötzlich die Mutter im Zimmer stand, hatte Ferdinand gerade noch Zeit, das Windkind schnell in der Nachttischlade zu verstecken, und wollte nicht sagen, warum in seinem Kinderzimmer so eine große Unordnung herrschte.

„Bis morgen ist dein Zimmer wieder aufgeräumt!", herrschte die Mutter ihn an, „und jetzt ab ins Bett".

„Ja, das verspreche ich!", sagte Ferdinand mit Engelsmiene.

Sobald die Mutter das Zimmer verlassen hatte, öffnete er die Nachttischlade und da sauste auch schon das Windkind heraus. Jetzt konnte der Spaß von vorne beginnen. Ach wie war das lustig, mit einem Windkind zu spielen!

Doch irgendwann hörten die beiden von draußen ein lautes Sausen und Brausen.

„Ui, das ist mein Vater, der Nordwind, der sucht mich wohl schon!"

Ferdinand wurde ganz traurig: „Kommst du mich wieder einmal besuchen?"

„Ja, ganz sicher!", sagte das Windkind.

„Und weil du mich eingelassen hast, bekommst du von mir eine ganz besondere Gabe als Geschenk, du kannst ab sofort mit deinen Pfiffen Hüte von den Köpfen der Menschen blasen! Das ist wirklich lustig, ich mach das auch sehr gerne!"

So öffnete Ferdinand wieder das Fenster und das Windkind flog hinaus. Zum Abschied räumte es noch das Zimmer auf, denn so schnell wie das Windkind für Unordnung sorgen konnte, so schnell hatte es auch wieder aufgeräumt.

Da freute sich der kleine Ferdinand und winkte dem Windkind zum Abschied noch lange hinterher.

Am nächsten Morgen kam die Mutter, um nachzusehen, ob Ferdinand sein Zimmer wieder in Ordnung gebracht hatte. Und da staunte die Frau Mama, wie ordentlich es in Ferdinands Kinderzimmer jetzt aussah. So schön aufgeräumt war es normalerweise hier nie!

Nach dem Frühstück erzählte Ferdinand der Oma von seinem Erlebnis. Diese nickte wissend, denn auch bei ihr war vor vielen Jahren einmal ein Windkind zu Besuch gewesen.

Als Oma und Ferdinand am Sonntag spazieren gingen, da war der Spaß groß, denn auch der Großmutter wurde einst die Gabe verliehen, die Hüte von den Köpfen der Menschen zu blasen. So pfiffen sie abwechselnd und gemeinsam im Takt. Und die Leute liefen ihren Hüten hinterher, obwohl gar kein Wind ging!

Das Pfauenauge

Es war einmal … ein junger Mann, der ging auf Wanderschaft. Niemand wusste, wie lang seine Reise dauern würde und so grämte sich seine Mutter sehr, ob sie ihren Sohn denn je wieder zu Gesicht bekommen würde. Die Zeiten damals waren unsicher und gefährlich, viele Menschen, die von zu Hause auszogen, wurden überfallen oder sogar erschlagen.

Doch der Junge war mutig und wollte sein Glück in einer fernen Stadt finden. „Weißt du was, liebe Mutter, du brauchst dir keine Sorgen um mich zu machen, da hast du eine Pfauenfeder, stell sie in eine Vase mit Weihwasser und wenn du mich sehen willst, dann sieh tief in das Pfauenauge, so wirst du mich erblicken, wo immer ich auch gerade bin.

Die Mutter freute sich über diese magische Gabe. So konnte sie den Sohn wenigstens sehen und sich vergewissern, dass es ihm gut ging. Der Abschiedsschmerz war dennoch groß und schon einen Tag, nachdem der junge Mann aufgebrochen war, blickte die Mutter in die Pfauenfeder. Und tatsächlich. Da sah sie ihren Sohn und war beruhigt. Jeden Tag wiederholte sie dieses Ritual, immer wieder sah sie nach, wie es dem Jungen erging.

Die meiste Zeit erblickte sie ihn beim Marschieren, manchmal beim Essen, und ein anderes Mal beim Schlafen. Die Pfauenfeder leistete ihr gute Dienste und beruhigte das Mutterherz.

Doch eines schönen Tages verwelkte die Pfauenfeder wie eine Blume. Es war wie immer genügend Weihwasser in der Vase, daran konnte es also nicht liegen. Es musste etwas passiert sein.

So schickte die Mutter den mittleren Sohn aus, um den Älteren zu suchen. Seine Spur war leicht zu verfolgen, denn durch die

Beobachtungen der Mutter wusste diese genau, wo er sich aufgehalten hatte. Doch die Zeit verging ohne Nachricht von den Söhnen. Die Mutter war in großer Sorge und so wusste sie nach einiger Zeit keinen besseren Rat, als auch noch ihren Jüngsten auszusenden, um die beiden älteren Brüder zu suchen.

Der Jüngste war noch keine fünfzehn Jahre alt, aber klug war er und mutig. Und so versprach er der Mutter, die beiden Brüder zurückzubringen. Wie, das wusste er nicht, aber er hatte das Herz am rechten Fleck und war guter Dinge, dass sein Unterfangen von Erfolg gekrönt sein würde.

Die Spur des Ältesten verlor sich in einem Waldgasthaus. Es war eine Spelunke, die man besser mied, aber da weit und breit keine andere Gaststätte zu finden war, musste jeder Wandergeselle, der nicht im Wald übernachten wollte, hier einkehren.

So auch der jüngste Bruder. Eigenartig kam ihm besonders die Wirtin vor. Sie hatte nur ein Auge und auf ihrer linken Schulter saß ein schwarzer Rabe mit einem giftgrünen Schnabel. Als ihn die Alte fragte, was er denn Essen und Trinken wolle, da lehnte der Junge ab, er hätte selbst Proviant dabei, nur um ein Zimmer bat er freundlich.

Die Wirtin grinste. Sehr gerne wollte sie ihm ein Zimmer für die Nacht anbieten. Im Voraus sollte er bezahlen, und der Preis war stolz. Danach begab sich der jüngere Bruder in das schäbige Zimmer. Natürlich war auch er müde von der Reise, doch er ahnte schon, dass es mit dieser Waldschenke etwas auf sich haben musste.

So legte er sich nicht selbst in das Bett, sondern baute aus Decken und Polstern ein menschenähnliches Gebilde. Im Dunkeln hätte man glauben können, dass da jemand gemütlich im Bett lag und schlief. Der Junge selbst versteckte sich im Kasten und wartete.

Um Punkt Mitternacht war es dann so weit. Die Wirtin betrat das Zimmer und der Rabe flog von ihrer Schulter schnurstracks auf das Bett zu. Dann peckte der Vogel dem vermeintlichen Schläfer drei Mal auf den Kopf, sodass sich das Decken-Polster-Gebilde

wie durch Zauberhand in die Lüfte erhob und sich unter Funken-
und Blitzgehagel wild um sich selbst drehte. Als der Spuk ein Ende
hatte, stand neben dem Bett ein kleines Pferdchen. Da die Zaube-
rei nicht an einem echten Menschen durchgeführt worden war,
sondern nur an leblosen Decken und Polstern, war auch das Pferdchen nicht aus Fleisch und Blut, sondern aus Leinen und Stroh. Die
Wirtin kam näher und begutachtete das neue Pferd. Als sie fest-
stellte, dass es sich um ein Strohpferd handelte, begann sie zu fluchen und schimpfte fürchterlich mit dem Zauberraben. Dieser
wurde dadurch selbst so wütend, dass er auch die Wirtin drei Mal
auf den Kopf peckte. Und schwuppdiwupp verwandelte sich diese
in eine alte Schindmähre. Da musste der jüngere Bruder, der sich
im Kasten versteckt hatte, schmunzeln. Durch einen Spalt hatte er
alles beobachtet. Als der Zauberrabe ihn bemerkte, wollte dieser
auch auf ihn losgehen, doch hatte der Junge bereits einen großen
Sack zur Hand, mit dem er den Raben fing.

„Lass mich frei, lass mich frei!", krächzte es aus dem Sack.

„Wer sagt mir, dass du mich nicht gleich wieder überfällst, wenn
ich dich frei lasse?"

„Ich bin ein Zauberrabe, und ich diene jenem, dem ich das
Leben verdanke! So habe ich auch der alten Wirtin gedient, weil
sie mich einst gerettet hat, als ich noch ein Rabenküken war. Aber
der Zauberbann sagt auch, dass ich nur so lange dienen muss, bis
jemand böse mit mir wird, und so wurde ich heute erlöst. Doch
nun bin ich in deinem Bann, du brauchst dich also nicht zu sorgen,
dass ich dir etwas Böses tue. Wenn du mir das Leben lässt, dann
bin ich dein Diener!"

Der Junge glaubte den Worten des Raben, ließ ihn aus dem finsteren Sack und wirklich, er war jetzt ganz zahm.

„Weißt du, wo meine Brüder sind?"

„Komm mit, ich zeige sie dir!"

Da flog der Rabe voraus und der Junge folgte ihm in den Stall.
Dort standen zwei Dutzend Pferde. Stuten, Hengste, Fohlen und
ein Esel.

Also waren die Brüder auch in Pferde verwandelt worden!

„Wie kannst du sie erlösen?"

„Es ist ganz einfach, ich pecke ihnen wieder drei Mal mit meinem Schnabel auf den Kopf und schon werden aus den Pferden wieder Menschen!"

„Na, dann mach schon, du musst all diese armen Geschöpfe erlösen!"

Und so machte sich der Rabe an die Arbeit und peckte und peckte auf die Köpfe der Schar an Vierbeinern ein. Ein Tier nach dem anderen verwandelte sich zurück in menschliche Gestalt und aus zwei stattlichen Rappen wurden wieder die verloren geglaubten Brüder. Die Wiedersehensfreude war groß, aber auch die Freude der anderen Leute, die schon so lange als Pferde der bösen alten Wirtin dienen mussten.

Und wer war aus dem alten Esel geworden? Es war der Wirt höchst persönlich, der sich die böse Art seiner Frau viel zu lange hatte gefallen lassen. Als er einmal nicht tun wollte, was sie ihm befohlen hatte, war er auch schon zum Esel geworden und musste fortan die mühseligsten Arbeiten verrichten.

Doch nun hatte alles wieder zu seiner rechten Form gefunden. Die garstige Wirtin wurde als alte Schindmähre in den Stall geführt, und weil ihr alter Esel ein gutes Herz hatte, bekam sie hier das Gnadenbrot. Die drei Brüder aber marschierten schnurstracks nach Hause. Die Mutter erwartete sie schon sehnlichst.

Als der ältere Bruder vom Pferd wieder zum Menschen geworden war, da war auch die Pfauenfeder in der Blumenvase wieder aufgestanden und die Mutter hatte wieder Hoffnung geschöpft, ihre Söhne lebend zurückzubekommen.

Der jüngere der Brüder hatte durch seinen Mut und seine Schlauheit vielen Menschen das Leben gerettet. Der Zauberrabe begleitete ihn sein ganzes Leben lang. Und der schlaue Mann hütete sich natürlich davor, das Zaubertier jemals auszuschimpfen. Und so führten sie gemeinsam ein zauberhaftes Leben und ließen es sich gut gehen.

Der verzauberte Koffer

Es war einmal … ein alter verstaubter Koffer, der lagerte seit vielen Jahren auf dem Dachboden eines halb verfallenen Hauses. Eines Tages war es dann so weit, das alte Gemäuer wurde verkauft und sollte schließlich abgerissen werden. Das Gerümpel wurde vom Dachboden geholt und die neuen Besitzer beschlossen, die alten Sachen auf dem Flohmarkt zu verscherbeln. Bilder waren dabei, ein paar Kästen, Bücher und der alte Koffer. Wenn die neuen Besitzer gewusst hätten, welch ein Schatz da auf dem morschen Dachboden lagerte, dann hätten sie das alte Gepäcksstück sicher nicht verkauft. Denn es handelte sich um einen Zauberkoffer, der einst einem großen Magier gehört hatte. Wie der Koffer in dieses Haus gelangt war, ist eine andere Geschichte, doch hier sollte nicht seine letzte Station gewesen sein. Da stand er nun, der braune Koffer, er war aus stabilem Karton gemacht und seine Ecken waren mit Leder verstärkt. Sein Innenraum war scheinbar leer, und das Zauberding hatte auch noch nie dem Transport von alltäglichen Gegenständen gedient, sondern barg eine ganz andere Funktion. Der große Zauberer hatte den Koffer einst in einer Zauberwerkstätte von Zwergen anfertigen lassen und dafür einen hohen Preis bezahlt. Und nur er allein wusste, wie man mit dem Koffer zaubern konnte. Aber auch große Zauberer müssen irgendwann die Weltbühne verlassen und so geriet das Zauberwerkzeug in Vergessenheit.

Da stand er nun auf dem Flohmarkt unter lauter anderen alten Dingen und wartete auf einen würdigen Käufer. Eine alte Dame kam des Weges und blieb wie angewurzelt stehen, als sie den Koffer sah. Irgendwie zog er sie magisch an. Sie brauchte doch gar

keinen Koffer, und noch dazu so ein altes, verstaubtes Ding. Doch die Frau liebte alten Trödel, immerhin war sie selbst ja auch schon recht alt. Die kleine Rente ließ sie beim Einkaufen keine großen Sprünge mehr machen und so versuchte sie immer wieder auf Flohmärkten ihr Glück, um auf Schnäppchenjagd zu gehen.

Sie kaufte den Koffer und wusste nicht warum. Es sollte einfach so sein. Zu Hause angekommen, staubte sie die Neuerwerbung erst einmal ab. Als sie begann, den Innenraum zu säubern, entdeckte sie ein Geheimfach. Voller Freude über ihren Fund schaute sie hinein und sah … rein gar nichts. Etwas enttäuscht, putzte sie weiter und als sie die alten Zeitungen, mit denen der Koffer ausgelegt war, entfernte, bemerkte sie, wie alt der Flohmarktkoffer schon sein musste. Die Zeitungen waren über hundert Jahre alt, wissbegierig las sie die vergilbten Lettern, doch schmerzten ihr nach kurzer Zeit die Augen, weil die Brille, die sie trug, schon viel zu schwach war, und sie sich keine bessere leisten konnte. Traurig legte sie die Zeitungen weg, putzte den Koffer blitzblank und ging zeitig zu Bett. Als sie am nächsten Morgen den Koffer mit alter Bettwäsche füllen wollte, traute sie ihren Augen nicht. Da lag nun tatsächlich eine Brille im Innenraum. Eine schöne, moderne Brille, die auch alten Damen gut steht und die gestern sicher noch nicht da war! Als die Alte die Brille aufsetzte, war sie überrascht, sie passte nicht nur wie angegossen, sondern ließ sie perfekt sehen. Der Koffer hatte über die lange Zeit das Zaubern nicht verlernt, und er hatte wie alle Zauberdinge ein Eigenleben. Als Dank, dass ihm die alte Frau ein neues Zuhause schenkte, und ihn so liebevoll gereinigt hatte, zauberte er ihr eine passende Brille, die sie nicht nur scharf sehen ließ, sondern auch ihren Verstand schärfte. Die Gedanken flitzen nur so dahin und noch nie hatte sie im Fernsehen die Wirtschaftsnachrichten so gut verstanden. Die alte Dame kaufte Aktien und wurde reich damit. Sie wusste zwar nicht, wie sie mit dem Koffer zaubern konnte, doch hatte er ihr dabei geholfen, dass sie auch noch im hohen Alter den absoluten Durchblick behielt. So ging das viele Jahre lang dahin und die alte Lady überlegte, wem sie ihren wertvollen Koffer vererben sollte. Sie hatte keine Kinder, und so machte sie sich auf die Suche, einen würdigen neuen Besitzer zu finden. Da hatte sie eine gute Idee. Sie suchte ein paar alte Sachen zusammen, um diese auf dem Flohmarkt zu verkaufen. Natürlich war auch der Zauberkoffer mit dabei, der sich schon auf seinen neuen Besitzer freute. Eine junge Mutter kam des Weges, ihr Baby trug sie mithilfe eines Wickeltuches eng am Körper. Ihre dunkle Hautfarbe verriet, dass sie wahrscheinlich aus einem fernen Land stammte. Sie interessierte sich sofort für den Koffer und kaufte ihn. Was sie wohl damit anfangen würde und ob er auch dieser Frau so viel Glück bringen würde, fragte sich die alte Dame und war glücklich, dass sie ihren Zauberkoffer noch zu Lebzeiten weitergeben konnte. Sie hoffte das Beste und war in Gedanken bei der jungen Frau, die nicht gerade glücklich ausgesehen hatte.

Diese hatte den Koffer für ihr Baby gekauft, sie hatte kein Geld für eine Wiege oder ein Kinderbett und so fand sie, dass dieser Koffer eine gute Lösung war, um ihrem Kind ein kleines Bettchen zu bereiten. In der nächsten Nacht schlief das Kind zum ersten Mal durch. Und als die Mutter das Kind am Morgen aus dem Koffer nahm, da entdeckte sie ein Bündel Geldscheine darin und konnte ihr Glück kaum fassen. Jeden Morgen ging das so. Bald hatte die Frau so viel Geld, dass sie sich statt einem feuchten Kellerloch eine schöne, helle Wohnung leisten konnte. Auch die junge Frau hatte erkannt, dass es der Koffer war, der ihr und ihrem Kind großes Glück beschert hatte. Das Kind schlief auch weiterhin am liebsten im Zauberkoffer und als es größer wurde und nicht mehr hineinpasste, da fing es selbst an zu zaubern. So fand der magische Koffer wieder seine Bestimmung. Der Junge wurde ein berühmter Magier und hatte großen Erfolg auf der ganzen Welt. Und wenn er nicht gestorben ist, dann ist der Zauberkoffer heute noch in seinem Besitz, aber wer weiß, vielleicht wartet er schon wieder auf einem Flohmarkt darauf, von einem neuen Besitzer entdeckt zu werden?

Der Schafzauber

Es war einmal ... eine Mutter, die kaufte sich einen Gebrauchtwagen. Weil sie nicht so viel Geld wie Kinder hatte, musste das Fahrzeug sowohl geräumig als auch günstig sein. Also entschied sie sich für einen alten Kombi, in dem sie ihre vier Kinder gut unterbrachte.

Eines schönen Nachmittags fuhr sie so mit ihren vier Wonneproppen dahin. Die ältere Tochter durfte vorne auf dem Beifahrersitz Platz nehmen und die drei jüngeren Söhne saßen hinten. Es war Freitagnachmittag und es sollte zum Einkaufen in ein nahe gelegenes Einkaufszentrum gehen. Obwohl das Shoppingcenter nicht weit entfernt lag, steckte die Frau mit ihrem alten Kombi schon fast eine Stunde lang im Stau fest. Den Kindern war langweilig geworden und so fing die Tochter an, im Handschuhfach herumzukramen.

„Mama, was ist denn das?", sie zog ein kleines Stück Papier heraus.

„Keine Ahnung, zeig mal her ..."

Die Tochter reichte der Mutter das Papier, das mit krakeliger Handschrift beschrieben war.

„Wahrscheinlich noch eine Notiz vom Vorbesitzer", bemerkte die Mutter beiläufig und gab das Stück Papier zurück.

Die Tochter war neugierig geworden und wollte unbedingt wissen, was da geschrieben stand. Sie versuchte, die Schrift zu entziffern, und las stotternd vor:

„Wisse, wisse, wer da steht, wisse, wisse, wer da mäht."

„Da steht noch eine „3" dabei und ein Malzeichen!", die Tochter war ganz aufgeregt.

Sie wiederholte den Satz nun flüssig. Beim dritten Aufsagen krachte und zischte es laut im Auto, es entstand Rauch, sodass man kein Handy mehr vor Augen hätte sehen können.

Die Mutter dachte an ein technisches Gebrechen des Wagens. Sie kurbelte das Fenster herunter und als sich der gröbste Rauch verzogen hatte, mussten Mutter und Tochter feststellen, dass sich anstelle der drei Buben nun drei blökende Schafe auf der Rückbank des Autos befanden.

„Oh, mein Gott! Was ist denn jetzt passiert?"

Die Mutter war es gewohnt, dass sich die Kinder Streiche einfallen ließen, aber das war nun wirklich nicht mehr lustig. Sie sprang aus dem Wagen, schaute nach links, schaute nach rechts, keine Buben waren zu sehen. Sie fragte in allen Autos, die vor und hinter ihnen im Stau standen, ob jemand ihre Söhne gesehen hatte: nichts!

Schön langsam wurde ihr klar, dass es hier wohl nicht mit rechten Dingen zuging. Der Spruch, den die Tochter vorgelesen hatte, musste ein Zauberspruch gewesen sein! Und als sie die drei Schäfchen auf der Rückbank genauer betrachtete, konnte sie an ihnen eindeutige Übereinstimmungen mit ihren Jungs finden. Das eine war klein und ein bisschen rund wie Simon, das zweite blökte aufgeregt, was sehr stark an den sprudelnden Redefluss von Thomas erinnerte. Und das dritte Schaf mit der dunkelbraunen Wolle schaute altklug und wissend wie Tobias in die Runde.

Gemeinsam versuchten Mutter und Tochter Alexandra den Spruch rückwärts zu sagen, um den Zauber vielleicht wieder rückgängig zu machen. Nichts geschah. Nach und nach kam auch der Verkehr wieder in Bewegung und die Mutter musste weiterfahren. An Einkaufen war jetzt natürlich nicht mehr zu denken. Sie kehrte um und fuhr auf dem schnellsten Weg wieder nach Hause.

Dort angekommen setzte sie sich sofort mit dem Autoverkäufer in Verbindung und erkundigte sich nach dem Vorbesitzer des Wagens. Sie erhielt eine Adresse, zu der sie sich schnell aufmachte. Die Schafe hatte sie einstweilen im Auto gelassen, denn es wäre wohl

schwierig gewesen, die Tiere in die Wohnung in den sechsten Stock zu bekommen.

Die Fahrt begann, natürlich war auch Alexandra mit von der Partie. Sie hatte ein ziemlich schlechtes Gewissen, immerhin hatte sie durch den Zauberspruch ihre Brüder verwunschen. Auch wenn sie ihr manchmal wirklich auf die Nerven gingen, in Schafe wollte sie sie nun doch nicht verwandeln.

Der Weg führte in eine bäuerliche Gegend. Die Straßen wurden immer schmäler und die Felder immer größer. Endlich waren sie an der richtigen Adresse angekommen, sie hielten vor einem mächtigen Vierkanthof und wurden von einem ungemütlichen Hofhund begrüßt. Ein alter Mann kam aus dem Haus und rief den Hund zurück.

„Das ist ja mein alter Wagen!", rief der Mann aus. „Ja, und Schafe auf dem Rücksitz …", der Alte runzelte die Stirn und kratzte sich am nicht vorhandenen Bart.

„Genau aus dem Grund sind wir hier!", sprach die Mutter.

„Stellen Sie sich vor, meine Brüder wurden heute Nachmittag in Schafe verwandelt!", platzte Alexandra heraus.

„Oh, nein, das tut mir leid!", der alte Mann sah betrübt drein.

„Habe ich etwa den Zauberspruch im Auto vergessen?" …

Der alte Mann war Schafbauer und hatte vor ein paar Jahren noch keinen Transportanhänger für die Schafe gehabt. Jetzt musste er aber dringend drei Schafe zu einem benachbarten Markt liefern. Seine Frau hatte viele alte Bücher, in denen Zaubersprüche standen, sie wusste jedoch, dass sie dieses Wissen nur an diejenigen weitergeben durfte, die es nicht missbrauchten. Ihrem Mann konnte sie vertrauen und so verriet sie ihm einen Spruch, wie man Schafe in Menschen verwandeln konnte. Für die Dauer der Fahrt sahen des Bauern Schafe also aus wie Menschen, die zwar etwas belämmert dreinsahen, aber komfortabel in einem Auto sitzen konnten. Am Markt angekommen, ließ er die Schaf-Menschen aussteigen und verwandelte sie wieder in Schafe zurück. Niemandem war ein Leid geschehen und alles war wieder in Ordnung.

Weil sich der Bauer den Spruch so schlecht merken konnte, hatte er ihn auf einem Zettel notiert und in das Handschuhfach des Kombiwagens gelegt ... mit fatalen Folgen, wie er jetzt bemerken musste. Doch das Unglück der verwunschenen drei Buben war schnell behoben. Der Gegenspruch war ganz einfach, nur leider lag der nicht mehr im Handschuhfach. Er lautete: „Wisse, wisse, wer da mäht, wisse, wisse, wer da steht!"

Nach dreimaligem Ausspruch gab es wieder ein Krach-Bum, Rauch und Blitze und zum Glück auch wieder drei wohlbehaltene Söhne, die sich an nichts mehr erinnern konnten.

Der Zauberspruch wurde sofort vernichtet und auch in der Zauberwelt gelöscht und damit seiner Wirkung beraubt, sodass niemand mehr aus Versehen Menschen in Schafe verwandeln konnte. Der Bauer und seine Frau luden die Familie zum Abendessen ein und alle waren glücklich, dass die Geschichte gut ausgegangen war.

Romantische Gute-Nacht-Geschichten

Oma erzählt vom Gugelhupf

„Oma, bitte erzähl mir die Geschichte vom Gugelhupf noch einmal!", bettelte Lisa.

„Also gut, meine Kleine. Vor vielen, vielen Jahren bin ich als junges Mädchen allein in eine große Stadt gezogen, um dort in einer Fabrik zu arbeiten. Einsam fühlte ich mich und traurig war ich, weil ich niemanden kannte und mir meine Heimat sehr fehlte. Die kleine Wohnung, in der ich damals wohnte, hatte eine Küche mit einem Herd und das war für damalige Verhältnisse ein wirklicher Luxus. So beschloss ich an jenem Abend, als ich gar so traurig und vom Heimweh geplagt war, einen Gugelhupf zu backen. Denn so ein Gugelhupf hilft immer, wenn man trübe Gedanken hat, das wusste schon meine Großmutter. Das Backen lenkt ab, der Kuchenduft geht bis in die Seele hinein und der erste Bissen ist immer wieder die größte Freude. Es war schon spät am Abend und als ich gerade mit dem Gugelhupf anfangen wollte, da bemerkte ich, dass ich gar kein Mehl mehr zu Hause hatte. Fast wäre ich vor lauter Verzweiflung in Tränen ausgebrochen, doch dann nahm ich meinen ganzen Mut zusammen und beschloss, bei den noch unbekannten Nachbarn Mehl auszuleihen. Es war ein riesiges Haus mit vielen Stockwerken und eine Menge Türen waren links und rechts auf dem langen Gang zu sehen. An den Türen standen keine Türschilder und manche der Wohnungen hatten gar keine Klingel. Nach der vierten Tür wollte ich schon fast aufgeben. Niemand öffnete mir. Ich klopfte leise und manchmal etwas lauter. „Ja?", hörte ich endlich eine männliche

Stimme auf meine Klopfzeichen antworten. „Ich bin die neue Nachbarin, darf ich Sie etwas fragen", stotterte ich schüchtern. Die Tür öffnete sich und dein Opa stand vor mir. Das wusste ich damals natürlich noch nicht, dass ich diesen feschen Mann einmal heiraten würde, aber gefallen hat er mir sofort, der Opa!"

Die Oma hielt bei ihren Erzählungen inne und sah verträumt auf das alte Hochzeitsfoto, das im Wohnzimmer an der Wand hing. Der Opa war vor einigen Jahren gestorben, ganz plötzlich war er eingeschlafen und nicht mehr aufgewacht. Omas Geschichten hielten ihn weiter lebendig in der Familie und natürlich ihre große Liebe zu ihm, die niemals aufhören würde.

„Weiter, Oma, erzähl weiter!", bettelte Lisa und die Oma setzte ihre Gugelhupfgeschichte fort.

„Da stand er nun vor mir. Braun gebrannt, blonde Haare, und die blauesten Augen, die ich jemals im Leben zu Gesicht bekommen habe. Ich stellte mich kurz mit meinem Namen vor und fragte den Opa dann, ob er Mehl zu Hause hätte, das er mir borgen könnte. Die Zeiten waren damals nicht so gut wie heute, und es war nicht immer selbstverständlich, dass jemand Mehl vorrätig hatte. Doch dein Opa hatte Mehl, denn auch er kochte und buk gerne und war gut ausgerüstet. Höflich, wie er schon immer war, bat er mich herein, doch ich war zu schüchtern, um mich zu trauen, in die Wohnung eines fremden Mannes einzutreten. So brachte er mir seine angefangene Mehlpackung und drückte sie mir mit den Worten, „was werden Sie den Gutes aus dem Mehl machen?" in die Hand. „Einen Gugelhupf!", antwortete ich freudig und bot gleich an, das ausgeborgte Mehl am nächsten Tag zurückzubringen. Der großzügige Opa schüttelte den Kopf! „Nein", sagte er. „Das Mehl ist mein Einstandsgeschenk!" Er meinte dann noch, dass es ihn sehr freuen würde, wenn er ein Stück von diesem „Kuckelhu" zum Verkosten bekommen könnte! Und da musste ich laut loslachen, denn „Kuckelhu" klang für mich einfach zu spaßig. Dein Opa sah mich mit seinen wunderschönen blauen Augen an und versuchte es noch einmal: „Kuckeruh?"

„Nein", protestierte ich lachend, „der Kuchen, den ich backen will, heißt ‚G U G E L H U P F‘!" Jetzt musste der Opa auch lachen, denn für ihn klang das Wort „Gugelhupf" ebenso seltsam, weil man in der Gegend, aus der er stammte, den Namen dieses Backwerks nicht kannte. Und so hatten wir von Anfang an Spaß miteinander.

Wie verzaubert ging ich in meine kleine Wohnung zurück. Ich hatte mich zwischen Tür und Angel in deinen Opa verliebt. Und natürlich wollte ich sofort den besten Gugelhupf der Welt mit seinem Mehl backen. Alle trüben Gedanken waren verflogen und auch das Heimweh war wie weggeblasen. Und ja, es wurde der beste Gugelhupf, den ich jemals gemacht hatte.

Als ich deinem Opa am nächsten Tag ein Stück davon brachte und er mich wieder in die Wohnung bat, da traute ich mich, und wir verbrachten den ganzen Abend miteinander. Er nannte mich ab sofort „Fräulein Gugelhupf" und ich ließ es mir gern gefallen.

Der gute alte Gugelhupf hat deinen Opa und mich zusammen gebracht und weil er ihm gar so gut schmeckte, buk ich ab sofort jeden Sonntag einen „Kuckelhu", wie dein Opa mein Backwerk immer wieder scherzhaft nannte. Ja, und ein paar Jahre später, da kam dann deine Mutter auf die Welt und wir zogen als Familie zusammen in eine größere Wohnung.

So, das war die Geschichte vom Gugelhupf und wie ich den Opa damals kennengelernt habe."

Lisa klatschte in die Hände! „Noch einmal, Oma, noch einmal die Geschichte!"

„Morgen Lisa, denn heute wollen wir noch gemeinsam einen Gugelhupf backen!"

Der Opa lächelte verschmitzt vom Hochzeitsbild und Oma und Lisa gingen ans Werk.

Die Singleprinzessin

Es war einmal ... eine Prinzessin, die war schon viele Jahre alt und noch immer nicht unter der Haube. Es lastete ein Fluch auf ihr, den ihr eine Fee zur Geburt mit auf den Lebensweg gegeben hatte. Besagte Fee hatte bei der Tauffeier der Prinzessin keine Nachspeise mehr bekommen und war ziemlich sauer. Es war übrigens dieselbe Fee, die Dornröschen damals auch den hundertjährigen Schlaf gewünscht hatte, weil sie nicht eingeladen worden war. Fragt sich nur, was schlimmer war, ein hundertjähriger Schlaf oder ein Leben lang unfreiwillig Single sein? Auf alle Fälle war diese Fee sehr leicht zu verärgern.

Im Alter von 17 Jahren, als andere Prinzessinnen in ihrem Alter schon einem Prinzen versprochen waren, fragte sie sich eines Tages: „Warum klappt das eigentlich bei mir nicht mit den Prinzen?" Die Ursinglefrage war geboren.

Auf Bällen wurde die Prinzessin nur von den Prinzen aufgefordert, die entweder einen Buckel hatten oder nur mehr ein Auge. Für die wirklich interessanten Prinzen war sie Luft. Trotz ihrer Schönheit, ihrer Eleganz und ihrem Esprit nahmen die Traumprinzen keine Notiz von ihr.

Dabei hatte sie sich doch gleich auf dem ersten Prinzessinnenball in einen Prinzen verliebt, den sie seit diesem Augenblick nicht mehr vergessen konnte.

Eines Tages besprach sie mit ihrer Amme das Problem und erfuhr die Wahrheit. Endlich hatte sie eine Antwort darauf, warum sie so gar nicht wahrgenommen wurde von der Prinzenwelt.

Der Prinz, in den sie so unsterblich verliebt war, hatte mittlerweile schon eine andere Prinzessin an der Hand, ein schwieriges

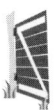 

Frauenzimmer, man würde sie wohl heute als Zicke bezeichnen. Anscheinend war auch der Prinz mit einem Fluch belegt, der ihn zwang, mit dieser unausstehlichen Prinzessin seine Ballabende zu verbringen.

Unserer Singleprinzessin brach es fast das Herz, wenn sie ihn mit dieser Oberzicke tanzen sah. Nur um in seiner Nähe zu sein, versprach sie einem Holzfuß-Prinzen einen Tanz nach dem anderen. Dieser rechnete sich schon Chancen aus, doch unsere ehrliche Singleprinzessin sagte ihm gleich, dass sie mit ihm nur das Holzbein beim Tanzen schwingen würde und nicht mehr.

Die Prinzessin war verzweifelt. Sie konnte und wollte es einfach nicht glauben, dass sie ihr Leben als Single verbringen musste. Nach einiger Zeit fragte sie ihre liebe Amme um Rat. Die weise Amme kannte eine Zauberin, die im Wald lebte. Diese Zauberin sollte die Prinzessin aufsuchen. Um die Zauberin milde zu stimmen, brachte die Prinzessin eine goldene Kugel und einen schneeweißen Zwergpudel als Geschenke mit. Zur Info: Schneeweiße Zwergpudel waren damals der letzte Schrei und ziemlich schwer zu kriegen.

Als die Prinzessin das Häuschen der Zauberin erreichte, klopfte sie sachte an die Tür. Eine wunderschöne Frau erschien kurz darauf und begrüßte die Prinzessin herzlich. Die Prinzessin hatte sich die Zauberin ganz anders vorgestellt, alt und runzelig, wie Hexen in den Geschichten eben beschrieben wurden. Man muss wissen, diese Zauberin war wirklich gut in ihrem Fach und schon über 300 Jahre alt. In ihrem Wohnzimmer stand ein Jungbrunnen, in den sie täglich sprang, das erklärte alles.

Die Geschenke wären gar nicht notwendig gewesen, die Zauberin war nämlich eine „weiße" Hexe und die helfen auch ohne Bestechung. Die Prinzessin kam schnell zur Sache und brachte ihr Anliegen vor. Die Zauberin schaute in ihr Zauberglas und sah die Verwünschungsszene bei der Tauffeier der Prinzessin. Die böse Fee war nach dem Ausspruch des Fluches auch selbst bestraft worden, sie war ab diesem Tag ebenso dazu verdammt, allein zu leben und das ist auch für Feen nicht besonders angenehm.

Die Zauberin verwandelte sich kurz in eine Fledermaus, flog wie wild im Zimmer herum und berichtete im Anschluss der Prinzessin, was zu tun war: „Du musst der bösen Fee, die dich verwunschen hat, vergeben, wenn du das schaffst, dann hat der Fluch keine Macht mehr über dich", lautete der Rat der Zauberin.

Unsere Prinzessin war ein guter Mensch, hatte sich ihr reines Herz bewahrt und war dadurch auch dazu fähig, von ganzem Herzen zu vergeben. Als Test verwandelte die Zauberin den mitgebrachten Pudel in einen Prinzen. Der Pudel-Prinz war ganz hin und weg von der Prinzessin, der Fluch war gebannt. Schnell wurde das Hündchen wieder zurückverwandelt.

Frohen Mutes ging die Prinzessin nach Hause und berichtete der Amme von ihrem Erlebnis mit der guten Zauberin. Am nächsten Tag sollte ein Ball stattfinden, ganz in der Nähe, in einem Nachbarpalast. Die Prinzessin zog ihr schönstes Kleid an und ging mit einer leisen Vorahnung der Liebe auf dieses Fest. Ihren Traumprinzen sah sie schon von Weitem … und diesmal sah auch er sie! Er kam schnellen Schrittes auf sie zu und sprach sie an, bat um einen Tanz und ließ sie den ganzen Abend lang nicht mehr aus den Augen.

Wie es sich für Märchenprinzessinnen gehört, verließ unsere Prinzessin kurz vor Mitternacht den Ball. Der Prinz ließ es sich nicht nehmen, sie mit seiner Kutsche nach Hause zu bringen. Unsere Prinzessin war es gewohnt, allein nach Hause zu kommen und war mit der eigenen Kutsche vor Ort, doch das verriet sie heute nicht.

Bei einer romantischen Heimfahrt erfuhr sie, dass der Prinz nicht nur gut aussah, sondern auch noch gut küssen konnte. Im siebten Himmel stieg sie aus. Die Amme wartete schon am Schlosstor.

Der Fluch der bösen Fee war gebannt und die Liebe hatte die richtigen zwei Menschen zusammengeführt.

Es ist gut zu wissen, dass es schon damals im Märchen Singleprinzessinnen gab, denn auch heute soll es noch einige davon geben, die noch daran arbeiten, ihren Fluch zu erkennen und erfolgreich zu überwinden.

Der Rabe und die Silberkugel

Es war einmal … ein Rabe, dessen ganzer Stolz war eine kleine Kugel aus Stanniolpapier. Er hatte die silbern glänzende Kugel einst auf einer Wiese gefunden. Menschen hatten sie achtlos weggeworfen, doch das wusste der Rabe nicht. Für ihn war seine glänzende Entdeckung eine helle Freude. So schnappte er sich dieses schöne Etwas und trug es in seinem Schnabel heim in sein Nest. Hier bewachte er seine silberne Kugel wie einen Schatz und zeigte sie niemandem, aus Angst, sie könnte vielleicht von Neidern gestohlen werden.

Eines Tages verliebte sich der schwarze Vogel in eine Rabendame und war ganz außer sich, als sich die Angebetete dazu überreden ließ, ihn in seinem Nest zu besuchen. Sie würde die erste und einzige sein, die seine silberne Kugel zu Gesicht bekam, und wer weiß, vielleicht würde die Dame ja schon bald in sein Nest einziehen, und dann würde er seinen glänzenden Schatz gern mit ihr teilen.

Da kam die Dame auch schon geflogen. Herr Rabe hatte sich und sein Nest recht fein heraus geputzt und war ziemlich aufgeregt über den nahenden Damenbesuch. Das flatterhafte Weibchen hatte nicht viel mit unserem Herrn Raben im Sinn. Sie erwartete sich einen fetten Wurm zum Abendessen und wollte nicht lange bleiben. Doch Herr Rabe war gut vorbereitet. Er hatte Wurm mit Engerlingen und für später auch noch ein paar Brombeeren vorbereitet. Ganz aufgeregt war er, als die Rabendame in seinem recht passablen und geräumigen Nest landete. Jetzt war es so weit, jetzt würde sie wohl seine Silberkugel entdecken und aus dem Staunen gar nicht mehr herauskommen. Doch was war das? Die Rabendame sah die Kugel nur abschätzig an und fragte den Raben spöttisch: „Sammelst du Müll?"

Wie bitte? Was hatte sie da gesagt? Ob er Müll sammle? Sie hatte seinen Silberschatz als Müll bezeichnet? Das konnte doch nicht wahr sein, der verliebte Rabe glaubte an ein Missverständnis und wollte aufklären. „Nein, nein, meine liebe Dame, das ist kein Müll, das ist eine wertvolle Silberkugel, die ich einst auf der grünen Wiese gefunden habe!" Die Rabendame hielt sich mit ihren Flügeln den Bauch vor Lachen: „Was soll das sein? Eine Silberkugel?" Der Rabe war verwirrt, warum nur machte sich die Rabendame über seinen Schatz lustig? „Das ist ein Stück Abfall, was du da in deinem Nest liegen hast, nicht mehr und nicht weniger!", machte sich die Dame wichtig. Sie konnte es nicht ausstehen, wenn Raben begriffsstutzig waren und so flog sie so schnell, wie sie gekommen war, auch gleich wieder davon. Da saß er nun, unser bitter enttäuschter Rabe. Erstens war ihm gerade seine Liebe davongeflogen und zweitens hatte er gerade erfahren, dass seine wertvoll geglaubte Silberkugel rein gar nichts wert, ja, sogar Müll war. Für den armen schwarzen Raben brach eine Welt zusammen und so saß er tagelang in seinem Nest und grämte sich.

Die Kunde, dass der Rabe eine wertlose Kugel aus Stanniolpapier in seinem Nest wie einen Schatz hütete, sprach sich schnell herum. Die geschwätzige Rabendame konnte es nicht lassen, und erzählte die Geschichte einem jeden, der sie hören wollte. So erfuhr auch die Großcousine des Raben von dieser Begebenheit und musste sich sehr wundern über die Aussagen, denn auch sie bewachte seit Monaten eine solche silberne Kugel in ihrem Nest und auch sie war sich sicher, dass es sich dabei um den größten Schatz aller Zeiten handelte. Enttäuscht zog sie sich in ihr kleines Nest zurück und war traurig über die Neuigkeiten der geschwätzigen Rabendame. Doch dann kam sie auf eine gute Idee: In ihrem Kummer flog sie zu ihrem Großcousin und erzählte ihm von ihrem großen Unglück. Geteiltes Leid ist halbes Leid, noch dazu, wenn sich die Leiden so ähnlich sind. Der Rabe wollte seine Silberkugel vor Wut schon fast aus dem Nest werfen, doch hatte er sie zu lieb gewonnen, als dass er diese Tat übers Herz gebracht hätte. Als die

Großcousine die Kugel sah, klatschte sie vor Begeisterung in die Flügel: „Die ist ja noch größer als meine!", staunte sie bewundernd. Der Rabe freute sich, dass ihn endlich jemand verstand, und dass es noch jemanden gab, der nicht wusste, dass Stanniolpapier kein wertvoller Schatz war. So hatte der Rabe plötzlich wirklich einen Schatz gefunden, nämlich in Form der Erkenntnis, dass es egal ist, was die anderen sagen, und dass die wahren Schätze ihren Wert im Herzen haben. Er liebte seine Silberkugel noch immer und begann sich auch immer mehr in seine Großcousine zu verlieben. Auch diese war nicht abgeneigt, und so nahm sie eines Tages ihre Silberkugel in den Schnabel und übersiedelte zu ihrem neuen Schatz ins viel größere Rabennest. So hatten die beiden durch ihre Schätze schließlich zueinander gefunden und wurden mit dem größten Schatz aller Zeiten belohnt, mit wahrer Liebe, die weder mit Gold noch mit Silber jemals aufgewogen werden kann. Die Liebe ist ein Schatz, der sich vermehrt, wenn ihn sich zwei Wesen gegenseitig schenken, ein Schatz, der nicht gestohlen werden kann.

Und wenn sie nicht gestorben sind, dann leben sie noch heute und erfreuen sich an ihren Silberkugeln als Zeichen ihrer Wertschätzung und Liebe.

Steinige Gute-Nacht-Geschichten

Der Monolith

Es war einmal … ein großer grauer Stein, der lag mutterseelenalleine auf einer Hochebene. Weit und breit war kein anderer Stein zu sehen. Der Boden, auf dem er lag, war karg und unwirtlich und so bekam der große Graue auch nur ganz selten Besuch von Tieren. Doch eines schönen Tages verirrte sich ein kleines Vögelchen zu dem Stein und bat, sich auf ihm ausruhen zu dürfen.

„Großer grauer Stein, darf ich auf dir rasten?", fragte das Vögelchen höflich.

„Ja, sehr gerne, komm nur zu mir und ruh dich aus. In einer meiner Mulden findest du Regenwasser, darin kannst du dich erfrischen und auch davon trinken!"

Das Vögelchen freute sich über die Gastfreundschaft des Steins und fühlte sich sehr wohl auf seinem steinernen Rastplatz.

Das gefiederte Kerlchen erzählte dem Stein von seinem Wald, in dem es von Bäumen und Tieren nur so wimmelte und dass es dort sehr schön sei. Der große Graue dachte sehnsüchtig an die vielen Bäume und Tiere dort, etwas Gesellschaft würde ihm guttun, er war schon so lange allein, dass er die Einsamkeit schön langsam satt hatte. Das Vögelchen spürte die sehnsüchtigen Gefühle des Steins und dachte nach, wie es seinem neuen Freund helfen konnte.

„Weißt du was", sagte es, „ich habe eine Idee! Wenn ich dich das nächste Mal besuchen komme, dann nehme ich dir ein paar Baumsamen mit, die verstreue ich dann auf deiner Oberfläche, und wer weiß, vielleicht wächst ja bald ein Wald auf dir?!"

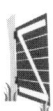

Das Vögelchen war guter Dinge und zwitscherte fröhlich vor sich hin. Der Stein konnte nicht glauben, was er soeben vernommen hatte, ein Wald sollte auf ihm wachsen, diese Vorstellung gefiel ihm ausgesprochen gut. Doch wie sollte das funktionieren? Der Vogel wusste das natürlich auch nicht und als er einige Tage später mit den Baumsamen im Schnabel wieder angeflogen kam, da sah der Stein ganz traurig drein, denn er konnte sich nicht und nicht vorstellen, dass auf ihm auch nur ein einziger Grashalm wachsen würde.

Das Vögelchen munterte den Stein auf: „Wir versuchen es einfach, vielleicht klappt es ja!" Und so verstreute es die Samen über den großen grauen Freund und zwitscherte ihm noch ein lustiges Liedchen, das ihn von seiner Schwermut abbringen sollte.

Als der Vogel das nächste Mal zu ihm kam, da fragte der Stein ganz gespannt: „Und, siehst du schon etwas auf mir wachsen?"

Der Vogel musste verneinen, es war nichts zu sehen. Die Tage und Wochen vergingen, doch das Vögelchen gab nicht auf, immer wieder brachte es neue Baumsamen aus dem Wald mit und hoffte für seinen Steinfreund, dass bald ein kleines Bäumchen auf ihm wachsen würde.

Eines schönen Tages, der Stein hatte die Hoffnung längst aufgegeben, da zwitscherte der Vogel ganz aufgeregt: „Es grünt auf dir! Es grünt auf dir!"

Und wirklich, ein kleines grünes Pflänzchen hatte es geschafft, auf dem Stein Fuß zu fassen. Die Freude war groß. Was würde es wohl werden, eine Blume, ein Grashalm oder doch vielleicht ein richtiger Baum?

Der Vogel berichtete laufend über die Fortschritte und der Stein spürte, wie das grüne Leben ihn beseelte. Das Vögelchen brachte Moos und Erde, um das Wachstum des grünen neuen Pflänzchens zu unterstützen. Und dieses dankte es mit einem guten Wuchs.

Ja es war ein kleines Wunder, dass nun ein kleines Birkenbäumchen auf dem riesigen grauen Stein wuchs. Das Bäumchen wurde immer stärker und schöner und wenn die Sonne schien, strahlte der weiße Birkenstamm in ihrem Licht und war der Blickfang der ganzen Hochebene.

Der große Graue war nicht mehr allein. Zwar war kein ganzer Wald auf ihm gewachsen, so wie es sich das kleine Vögelchen für ihn gewünscht hatte, aber immerhin hatte ein Birkenbaum auf ihm seine neue Heimat gefunden. Das Bäumchen wuchs heran und Menschen, die es sahen, mussten stehen bleiben, um das kleine Wunder zu bestaunen.

„Schau, da wächst ein Baum auf einem Stein! Wie ist das nur möglich?"

„Und da, da sitzt auch noch ein kleines Vögelchen auf der Birke!"

Der Stein, der Baum und das Vögelchen mussten dann immer ein wenig schmunzeln, sie wussten ja, wie es sich zugetragen hatte. Denn mit Freundschaft, Glaube und Hoffnung werden viele Dinge möglich, die man sich anfänglich gar nicht hätte vorstellen können.

So lebt der große graue Stein auch heute noch glücklich mit seinem Birkenbäumchen auf der Hochebene und bekommt natürlich noch regelmäßig Besuch von seinem Freund, dem Vögelchen.

Der Mondscheinkiesel

Es war einmal ... ein kleines Mädchen, das konnte nicht einschlafen. Als es da so in seinem Bettchen lag, da hörte es zwei Eulen, die sich unterhielten.

„Ich habe ein gutes Mittel gegen die Schlaflosigkeit entdeckt!"

„Ja, wirklich? Das musst du mir verraten! Meine Jungen, die schlafen so schlecht im Nest, da wäre es fein, wenn ich eine Möglichkeit wüsste, wie ich sie zum Ein- und Durchschlafen bringe."

„Es ist ganz einfach, du holst dir bei Vollmond einen Kieselstein und legst ihn in dein Nest, du wirst sehen, dann schlafen deine Eulchen wie Murmeltiere, das sage ich dir, bei meinen Kulleraugen!"

Das Mädchen hatte gut zugehört, ein Kieselstein bei Vollmond! Das war die Lösung für das lästige Einschlafproblem! Vor dem Haus gab es einen Kiesweg. Doch im Finsteren alleine aus dem Haus zu gehen, das war schon eine gruselige Sache. Also wollte das Mädchen mit der Umsetzung seines Kieselsteinplans noch warten.

Am nächsten Tag erzählte es der Mutter vom Gespräch der Eulen, das es belauscht hatte. Die Mutter dachte natürlich, die Tochter hätte nur geträumt, doch wollte sie helfen, den Wunsch zu erfüllen, denn die Einschlafprobleme gab es schon länger.

Also gingen Mutter und Tochter beim nächsten Vollmond gemeinsam auf den Kiesweg und suchten einen besonders schönen Kieselstein aus. Als die beiden wieder im Haus waren, da schmunzelte die Kleine.

„Was ist denn los?", wollte die Mutter wissen.

„Mama, schau, ich habe dir auch einen Mondscheinkiesel mitgebracht, falls du auch einmal nicht schlafen kannst."

Die Mutter war gerührt. Sie brachte die Tochter ins Bett und diese schlief mit dem Kieselstein in der Hand selig ein. Natürlich war der Stein gewaschen worden, bevor er mit ins Kinderbettchen durfte.

Nun war die Mutter an der Reihe. Seit der Trennung von ihrem Mann schlief die Frau auch nicht mehr so gut. So wollte sie es auch mit dem Mondscheinkiesel versuchen, den die Tochter für sie ausgesucht hatte.

So wie das Kind, nahm auch die Frau den Stein in die Hand, und schlief wie durch Zauberhand ein.

Was hatte es nur mit diesen Mondscheinkieselsteinen auf sich? Die Eulen wussten es. Und Kinder können die Sprache der Tiere noch verstehen, wenn es notwendig ist, und in diesem Fall war es der reinste Segen.

So oft wie nötig sammelten Mutter und Tochter ab diesem Tag Mondscheinkiesel für andere Menschen, die nicht schlafen konnten. Die Kiesel wirkten immer, und falls die Wirkung einmal nachließ, dann legte man die Steine bei Vollmond einfach eine Nacht lang auf das Fensterbrett.

Es ist nämlich so: Das Mondlicht hat eine beruhigende Wirkung und mit dieser laden sich die Kiesel in der Nacht auf, um Mensch und Tier zu einem guten Schlaf zu verhelfen.

Ja, und warum wussten die Eulen von der beruhigenden Wirkung der Kiesel? Der Mond hatte es ihnen eines Tages geflüstert, unter der Bedingung, dass sie ihr Wissen nicht für sich behalten würden, sondern es weiter trugen, damit es für alle Erdenbewohner gute Dienste leiste. Und so war es auch, je mehr Menschen von den Mondscheinkieseln wussten, desto weiter verbreitete sich dieses Wissen. Und irgendwann konnten alle Menschen auf der Welt gut schlafen, denn es gab ja genug Kieselsteine für alle, man brauchte sie nur einsammeln, wenn der Vollmond schien.

So wünscht uns der Mond immer wieder eine gute Nacht, wenn er für uns vom Himmel lacht!

Der Stein und die Ewigkeit

Es war einmal ... ein Felsbrocken, der brach eines Tages aus einem Berg heraus und rollte bis ins Tal hinab. Hier blieb er liegen und wusste nicht, wie ihm geschah. Der Regen hatte ihn über viele Jahre aus dem Berg gewaschen.

Da lag er nun, der Stein, der sich nicht erinnern konnte, einer zu sein. Die Menschen gaben ihm diesen Namen, als sie an ihm vorübergingen und sagten: „Da, schau her, da ist ein ordentlicher Steinbrocken heruntergekommen vom großen Berg!"

Immer wieder nahmen Vögel auf ihm Platz und auch müde Wandersleute, wenn sie eine Rast machen wollten.

Jeder Berg hat eine Seele und so ward auch dem Stein, der einst Teil des Berges war, ein Teil dieser Seele mitgegeben. Der Felsbrocken sehnte sich zurück an seinen Mutterberg, er litt, so allein dazuliegen, den Naturgewalten noch mehr ausgeliefert als damals im Bergverbund. Doch alles im Leben hat seinen Sinn, und auch dieser Stein hatte eine Bestimmung zu erfüllen.

„Sag mir, was ist die Ewigkeit?", flüsterte einst ein junges Mädchen seinem Liebsten ins Ohr, als die beiden gemeinsam turtelnd auf jenem Stein saßen. Der Bursch war ein ehrlicher Kerl und so entfuhr ihm glatt, was er verspürte: „Eine Ewigkeit muss es sein, wenn dieser Stein nimmer ist, wenn er weggewaschen ist vom Regen und weggeblasen vom Wind." Das Mädchen machte große Augen. Es hätte sich wohl einen ewiglichen Liebesschwur erhofft auf seine Frage. Doch der Stein selbst hatte zugehört und war neugierig geworden. Nachdem er sich hier so alleine in der Landschaft nicht gerade geborgen fühlte, gefiel ihm der Gedanke, dass es ihn einmal nicht mehr geben sollte, eigentlich ganz gut. Wie lange so eine Ewigkeit wohl wirklich dauern würde? Der Stein wusste es nicht.

Ein ganzes Jahr war vergangen, als eine Eule auf dem Stein landete. Noch immer beschäftigte den Stein die Frage rund um sein kümmerliches Dasein, und so fragte er sie höflich, ob sie denn wisse, wie lange denn eine Ewigkeit dauern würde. Das weise Federtier musste schmunzeln, so eine Frage hatte bis jetzt noch niemand gestellt.

„Die Ewigkeit ist für jeden anders zu bewerten. Für den einen dauert sie einen Tag und für den anderen tausend Jahre. Zeit ist relativ und so kann ich dir deine Frage nicht richtig beantworten.“

Schon war die Eule wieder weggeflogen und ließ den Stein ratlos zurück.

Viele Jahre später gab es ein so schreckliches Unwetter, dass einem Hören und Sehen vergehen konnte. Noch bevor es donnerte, da blitzte es immer wieder gewaltig und der Blitz schlug so heftig in die Bergwand ein, dass das Gestein nur so spritzte und bis ins Tal herunterkrachte. Einer der Gesteinsbrocken gesellte sich just zu unserem unglücklichen Stein und wäre fast in ihn hineingekracht. Gerade noch ging es sich aus, dass er eine Handbreit neben ihm liegen blieb und man kann sich vorstellen, wie unser Stein erschrak.

So bekam der alleinige Stein also Gesellschaft von einem anderen. Dieser war ebenso verblüfft über seine unfreiwillige Reise ins Tal und konnte sich vom Nachbarstein berichten lassen, wie es denn so sei, hier neben dem Weg zu liegen. Schnell freundeten sich die beiden an. Auch die Menschen freuten sich, so gab es von nun an zwei Sitzgelegenheiten am Wegesrand.

Und jetzt fühlte sich der Stein auch gar nicht mehr so einsam. Gemeinsam erzählten sich die Felsen Geschichten aus der Zeit, in der sie noch am Berg wohnten.

Jahre später kam wieder einmal die Eule geflogen und fragte den Stein nach der Ewigkeit. „Ja“, sagte dieser, „jetzt weiß ich, was die Ewigkeit bedeutet. Für mich war es die Zeit, in der ich allein hier

liegen musste und mich einsam fühlte. Doch jetzt ist meine Ewigkeit vorbei und die Zeit vergeht im Nu mit meinem Steinfreund!"

Die Eule schmunzelte wieder und nickte: „Ja, ja, mein lieber Stein, du hast verstanden, was ich gemeint habe. Die Ewigkeit bedeutet für jeden etwas anderes!" Und so flog sie davon.

Die beiden Steine lagen fortan glücklich und zufrieden am Wegesrand, bis in jene von Menschen erdachte Ewigkeit, von der einst der Bursche zu seinem Mädchen gesprochen hatte.

Zwei Kiesel

Es waren einmal … zwei Kieselsteine, die gingen auf eine Reise. Der erste war ungefähr so groß und flach wie eine Münze und der zweite glich von der Form einem ovalen Lutschbonbon. Lange waren sie gemeinsam auf einem Kiesweg irgendwo auf der Welt gelegen. Doch eines schönen Tages schnappte eine Kinderhand nach ihnen und steckte sie in die Hosentasche.

Ihr Daliegen hatte schon so lange gedauert, dass die Kieselsteine ganz vergessen hatten, wo sie herkamen. Das Tag- und Nachtwerk der Steine bestand darin herumzuliegen und als einzelner Teil ihren Beitrag zu einem großen Ganzen – dem Kiesweg – zu leisten.

In der Hosentasche des Kindes war es dunkel, ganz so wie in der Nacht. Doch bald schon wurde es wieder hell. Der kleine Junge griff nach den zwei Steinen und warf sie ins Wasser. Einfach so. Ohne Vorwarnung. Die Kiesel erschraken. Nass, das kannten sie bis jetzt nur vom Regen. Aber so viel Nass auf einmal? Sonderbar.

Die Steine waren in einem kleinen Bach gelandet, und dieser freute sich über seine zwei neuen Gäste. „Seid willkommen in mir! Lasst euch treiben und fühlt euch wie zu Hause!"

Es war ein freundlicher Bach und er liebte es, wenn Kinder Steine zu ihm brachten. Denn jeder neue Stein wusste auch neue Geschichten zu erzählen, und das mochte der Bach sehr.

Doch was konnten die zwei Kieselsteine schon groß erzählen? Rein gar nichts. Denn sie hatten ja alles vergessen, was sie jemals jenseits des Kiesweges erlebt hatten. „Schade!", meinte der Bach und gurgelte weiter.

So kam es, dass in das Nass, in das die Steine gefallen waren, jetzt noch mehr Nass fiel. Der Bach schwoll an und mit ihm die

Strömung. Gerade als es sich die Kiesel im Bachbett gemütlich machen wollten, wurden sie durch die Wassermassen fortgerissen.

So ging das einige Zeit, bis die beiden in einem großen Fluss landeten.

„Fällt dir etwas auf?", fragte der eine Kiesel, der einem ovalen Lutschzuckerl ähnelte.

„Nein, was denn?", fragte der andere.

„Wir werden kleiner!"

Durch die wilde Wasserreise verloren die Steine an Substanz. Sie wurden abgeschliffen und immer winziger.

„Seit wir im Fluss sind, kann ich mich wieder erinnern!"

„An was denn?"

„An eine Zeit, in der wir eins waren mit der großen Steinseele!"

Die Steine hatten eine Ahnung davon bekommen, wie es damals gewesen war, ein einziges großes Ganzes zu sein.

„Es ist ein schönes Gefühl, wenn man wieder weiß, wo man herkommt. Aber was glaubst du, passiert mit uns? Lösen wir uns langsam auf?"

„Ich weiß es nicht. Ich weiß nur, dass es herrlich ist, im Fluss zu sein."

Da waren sich die beiden Steine einig.

Und je mehr sie sich zurückerinnern konnten, desto fröhlicher und ausgelassener wurden sie.

Und als von ihnen nichts mehr übrig blieb, da waren sie wieder ganz geworden.

Der Liebesbeweis

Es war einmal … eine stolze Prinzessin, die sollte vermählt werden. Sie war die Ältere und musste deswegen auch als erste unter die Haube kommen. Doch diese Prinzessin war wählerisch, stolz und eingebildet. Nicht irgendeinen Prinzen wollte sie heiraten, sondern nur den, der ihr den besten Beweis für seine unvergängliche Liebe darbringen konnte. So ließ sie diese Kunde schnell in aller Herren Länder verbreiten.

Kurz darauf war es dann so weit, viele Prinzen kamen und wollten der stolzen Prinzessin ihre Aufwartung machen. Die meisten schafften es aber nicht einmal in den Schlosshof, denn die Wachen waren angehalten, die Prinzen gleich auszusieben. Nur betuchte junge Herren wurden vorgelassen, um die Unvergänglichkeit ihrer Liebe unter Beweis zu stellen.

Der Erste hatte Silber- und Goldschmuck für die Prinzessin mitgebracht.

„Diese Edelmetalle sind so unvergänglich wie meine Liebe!", faselte der Prinz heiratswütig.

Doch die Prinzessin winkte ab: „Was, wenn der Schmuck gestohlen wird, wo bleibt da die Unvergänglichkeit?"

Der Prinz wusste keine Antwort und musste wieder gehen.

Der zweite junge Mann war an der Reihe: „Meine Liebe zu dir ist so unvergänglich wie die Sonne, als Zeichen meiner großen Liebe möchte ich dir eine Sonnenuhr schenken!"

„Ja und was ist, wenn es Nacht ist und die Sonne nicht scheint, oder wenn dunkle Wolken am Himmel stehen, dann ist es wohl aus und vorbei mit deiner unvergänglichen Liebe, du Schönwetterprinz!", schimpfte die Prinzessin und verabschiedete auch diesen.

Der dritte Prinz wurde vorgelassen und begann mit seiner Rede: „Meine Liebe ist so unvergänglich wie der wiederkehrende Schlaf. Ohne Schlaf können wir Menschen nicht leben. Der Schlaf kommt immer wieder, er gehört zu uns wie das Wachsein. So drücke ich die Unvergänglichkeit meiner Liebe symbolisch in jener Form aus, in der wir uns jede Nacht liebevoll mit dem Universum verbinden, mit dem Göttlichen, mit einer Welt, von der wir nichts wissen am Tage und der wir uns doch immer wieder hingeben."

Als Geschenk überreichte der Prinz eine handbestickte Schlafmütze aus feinster Seide. Doch die Prinzessin nahm die Gabe erst gar nicht an und begann sogleich, wild zu schimpfen. Sie glaubte, ihren Ohren nicht zu trauen. So eine Frechheit, die Unvergänglichkeit der Liebe mit dem Schlaf zu vergleichen. Auch dieser Prinz musste schnell wieder kehrtmachen.

Doch hatte er mit seiner Rede jemand anderen tief berührt. Die jüngere Prinzessin war es, die das Szenario heimlich mitverfolgt hatte. Nun wollte sie diesen Prinzen unbedingt kennenlernen, der so schön vom Schlaf und der Liebe sprach und ihr auch äußerst gut gefiel.

„Halt!", rief sie ihm nach, als er gerade das Schloss verlassen wollte, „wartet!".

Und so lernten sich zwei Menschen kennen, die füreinander bestimmt waren. Doch mussten sie sich mit ihrer Heirat gedulden, bis die ältere Prinzessin vermählt war.

Gemeinsam dachten sie nach, wie sie den Prinzen, die noch immer Schlange standen, eine gute Idee mit auf den Weg geben konnten.

Die junge Prinzessin hatte eine Idee und flüsterte einem besonders gut aussehenden Prinzen etwas ins Ohr.

Als dieser an der Reihe war, begann er zu sprechen: „Meine liebste Prinzessin, meine Liebe zu euch ist so unvergänglich wie der höchste Berg in eurem Königreich. Ich möchte diesen Berg für euch besteigen, um euch meine Liebe zu beweisen, und ich werde, wenn ihr mir das Jawort gebt, den Auftrag erteilen, euer wunderschönes

Profil in den Berg hauen zu lassen, damit es dort ewig über das Land strahle."

Jetzt war die eitle Prinzessin beeindruckt. „Endlich einmal eine ernstzunehmende Idee", dachte sie. Also gut, der Prinz sollte den höchsten Berg des Landes erklimmen und als Beweis die seltenen blauen Blumen mitbringen, die nur hoch oben auf dem Gipfel wuchsen.

Der Prinz war mutig und so bestieg er wirklich diesen hohen Berg und brachte auch noch die versprochenen Blumen mit. Die Prinzessin sagte „Ja" zu ihm und er machte sein Versprechen wahr und ließ das Antlitz der Prinzessin in den Berg hauen.

Die Arbeiten dauerten viele Jahre, doch auch als die Bergarbeiten beendet waren und das Gesicht der Prinzessin, die mittlerweile bereits Königin geworden war, riesengroß vom Berg lächelte, da war diese noch immer nicht zufrieden. Sie wollte mehr. Jeden Tag forderte sie erneut einen Beweis für die Unvergänglichkeit der Liebe des Gatten. Der große Berg reichte ihr nicht mehr aus und so zwang sie ihren Mann dazu, ihr jeden Tag einen Liebesbrief zu schreiben. Doch auch das half bald nicht mehr und so befahl sie, dass seine Liebesschwüre in Stein gemeißelt werden sollten. Und auswendig lernen musste er die verliebten Zeilen auch noch, damit er ihr die liebevollen Worte jeden Tag bereits zum Frühstück aufsagen konnte.

Die Königin trieb sich mit ihrer zwanghaften Eitelkeit schließlich selbst in den Wahnsinn und verbrachte den Rest ihres Lebens auf dem Berg, der ihr Antlitz trug. Der arme Gemahl war schon lange vorher davongelaufen, weil ihn die vielen erzwungenen Liebesbeweise sonst auch noch verrückt gemacht hätten.

In der Zwischenzeit hatte es aber noch eine Heirat im Schloss gegeben. Die jüngere Prinzessin verband sich mit jenem Prinzen, der mit dem Schlafgleichnis auf sich aufmerksam gemacht hatte. Die Liebe der beiden brauchte keine Beweise, denn sie war einfach da. So liebten sie sich am Tage und in den Nächten, bei Sonnenschein und bei Regen. Sie genossen jeden Augenblick miteinander

und erfreuten sich an ihrer Zweisamkeit. Da die eingebildete Schwester verrückt geworden war und von nun an auf dem Berg lebte, brauchte es eine Nachfolgerin. So regierte fortan die junge Schwester als gütige neue Königin das Land und ihr traumhafter Prinz wurde zu ihrem König.

Noch viele Jahrhunderte später erzählte man sich von der großen Liebe, die dieses Königspaar auf wundervolle Weise verband. Ihre Liebe hatte Eingang in die Ewigkeit gefunden. Denn nichts ist unvergänglicher als die wahre Liebe.

Schwarze Schafe erzählen

Der grausame Herrscher

Es war einmal … ein grausamer Herrscher, der sein Volk unterdrückte und seinen Hofstaat tyrannisierte. Das ganze Land litt unter den Eskapaden seiner Herrschaft. Eines Nachts, es war nach einer großen Schlacht gegen ein feindliches Heer, da hatte der Grausame plötzlich ein Problem: Er konnte nicht mehr schlafen. „Das geht vorbei!", meinten seine Berater und Doktoren. Doch in der nächsten Nacht war sie schon wieder da, die Schlaflosigkeit. Eine ganze Woche ging das so. Der Herrscher war noch schlechter gelaunt als sonst, denn der Schlafentzug zehrte an seinen Nerven.

Wütend lief er des Nachts in seinem Palast herum und weckte alle auf, die er finden konnte, denn wenn er nicht schlafen konnte, dann sollte das auch niemand anderer tun. Als er das scheußliche Quartier der Sklaven betrat, kam ihm eine Idee. All seine Sklaven sollten ihm, dem großen Herrscher, ihren Schlaf überlassen. Es konnte doch nicht sein, dass die niederen Diener selig schliefen und er, der hohe Herr, keinen Schlaf fand.

Ein Zauberer wurde geholt. Er sollte aus den Sklaven den Schlaf herauszaubern und in Töpfe füllen. Die Prozedur begann, doch sie funktionierte natürlich nicht. Niemand wollte freiwillig sein kostbarstes Gut hergeben, den Schlaf. Denn es war für die Armen und Versklavten oft die einzige Möglichkeit, vor ihrem grässlichen Leben zu fliehen, in die Träume und in die geborgenen Stunden im Schlaf, die sich manchmal anfühlten wie im Paradies.

„So peitscht den Schlaf aus ihnen heraus!", befahl der grausame Herrscher. Doch auch diese Methode zeigte keinen Erfolg. Der Schlaf lässt sich eben nicht vom Menschen trennen. Jeder hat seinen eigenen und muss warten, bis er kommt. Doch der Schlaf des Herrschers wollte und wollte nicht kommen. Und je mehr er sich darum bemühte, schlafen zu können, desto weniger gelang es ihm.

Fuchsteufelswild wurde er bei dem Gedanken, dass jeder gewöhnliche Tunichtgut in seinem Reich leichter in den Schlaf fand als er. Er wurde so zornig, dass er sein Bett zerstörte und sich vor Wut die Haare raufte. Schließlich bot er den Menschen Geld für ihren Schlaf, doch auch dieses Geschäft musste schief gehen. Der gekaufte Schlaf fand niemals statt, der Herrscher fühlte sich geprellt und wurde immer unausstehlicher.

Niemand traute sich mehr in seine Nähe und so mieden ihn bald auch alle seine Höflinge. Eines Tages gesellte sich eine kleine Maus zu dem tobenden Herrscher. Sie wusste nicht, mit wem sie es zu tun hatte und so sprach sie einfach darauf los: „Mein lieber Herr, auf der anderen Seite der Wand, da leben auch Geschöpfe und wollen schlafen, wir dürfen euch bitten, nicht so laut herumzubrüllen!"

In diesem Moment war es mit der Beherrschung des schlaflosen Herrschers endgültig vorbei, sogar die Mäuse konnten wohl besser schlafen als er, was für ein Frevel! So brach der Mächtige in Tränen aus und die Maus verstand rein gar nichts.

„Was ist denn los? Habe ich euch etwa gekränkt mit meiner Bitte?"

Der Grausame schluchzte weiter.

So holte das Mäuschen seine ganze Familie und gemeinsam trugen sie dem großen Mann ein Lied vor. Es war ein Schlaflied, das sie gerne den Mäusekindern vorsangen, und das diese immer schnell beruhigte.

„Komm und leg deinen Kopf auf die Erde, sie wird dich herzen, so wie sie alle Geschöpfe herzt, schlüpf in ein Mauseloch und schau hinaus in die Welt, hier ist es sicher, hier kannst du sein, schlaf in der Geborgenheit der Nacht, vertrau auf deine Träume, sie sind dein Innerstes, sie wollen dir helfen, komm immer wieder zur Ruhe, leg dich nieder und sei still."

Ein typisches Mäuselied, das sich weder reimte noch besonders melodisch war, aber der Herrscher war gerührt, dass die kleinen Mäuschen für ihn sangen. Und wirklich, er war jetzt gar nicht mehr so wütend, denn es lag ein feiner Zauber in diesem Liedchen, der ihn besänftigte und ihn zur Ruhe brachte.

„Was hat denn der Mann?", fragte nun eines der Mäusekinder.

Der Herrscher sagte: „Ich kann nicht schlafen und bin verzweifelt, ich bin der mächtigste Mann im Land und habe doch keine Macht über meinen eigenen Schlaf. Das macht mich verrückt!"

Die Mäuse verstanden die Welt nicht mehr. Noch nie hatte eine von ihnen Einschlafprobleme gehabt. Es sei denn, ein Mann brüllte wild herum so wie in den letzten Tagen.

Aber die Mäuse wussten auch, dass die Menschen in vielen Dingen ganz anders waren als Tiere, und so lag es nicht fern, dass sie auch ganz andere Probleme hatten.

Die Mäuse versuchten zu helfen: „Vielleicht solltest du die alte Traumfrau befragen, sie weiß, was es mit den Träumen auf sich hat und sie kennt sich auch gut mit dem Schlaf aus."

Was die kleinen Mäuschen alles wussten ... aber sie kamen ja viel herum und verstanden die Gespräche der Menschen. Das Mäusenetzwerk funktionierte perfekt.

So machte sich der schlaflose Herrscher noch in derselben Nacht auf den Weg, um die alte Traumfrau zu suchen. Fernab seines Palastes fand er sie am Waldrand in einer kleinen Hütte. Sie hatte ihn schon erwartet.

„Wollt ihr mich auch auspeitschen lassen, wenn ich euch keinen Schlaf verschaffe?", fragte sie unverblümt. Der Herrscher war durch seinen Schlafentzug schon etwas zahmer geworden und bat die alte Traumfrau einfach nur um Hilfe. Als sie von dem kleinen Mäusekonzert hörte, musste sie lächeln. Es waren gute Tiere.

„Lass mich in deine Augen sehen! Ich sehe Blut und Gemetzel, ich sehe deine Kriegsmüdigkeit und die Unmöglichkeit, dir diese

Müdigkeit zu erlauben, so hat dein Innerstes beschlossen, überhaupt nicht mehr zu schlafen. Tief in dir drinnen brennt dein Wunsch, nicht mehr töten zu müssen. Es ist dein Schicksal, dass du dich eines Tages überwindest und dein Innerstes bejahst! Und jetzt geh!"

„Bekomme ich denn keinen Schlaftrunk, Zauberspruch oder wenigstens ein Zauberpulver mit auf den Weg?"

Die alte Traumfrau lachte: „Euren Schlaf müsst ihr schon selbst finden, da hilft auch kein Zaubermittel."

So ging der Herrscher wieder zurück in seinen Palast und war ratloser als je zuvor. Er sah in den Spiegel und erkannt sich nicht. Sein Gesicht war durch den vielen versäumten Schlaf mürbe geworden. Die harten Züge erschlafft, die Augen mit dunklen Ringen umrahmt, kein schöner Anblick. „Was soll ich nur tun?", fragte er sein Spiegelbild.

Mit dieser Frage legte er sich an jenem Abend in sein neues Bett, denn das alte hatte er ja in seiner Wut zertrümmert. Er konnte zwar in jener Nacht wieder nicht schlafen, doch hatte er eine Eingebung. Er erblickte einen grünen sanften Hügel und darauf waren unzählige hölzerne Kreuze zu sehen, die zusammen eine Herzform bildeten. Als der Wachtraum vorüber war, da trug der Herrscher seinen Holzknechten auf, hundert Kreuze aus Holz zu zimmern. Und als diese fertig waren, da ließ er die Kreuze zu jenem Hügel bringen, von dem ihm geträumt hatte. Es war der Hügel, auf dem die letzte grausame Schlacht stattgefunden hatte. Die Gefallenen waren längst von wilden Tieren gefressen, doch der Hauch des Todes war noch spürbar. So ließ er seine Knechte die Kreuze auf dem Hügel verteilen, ganz so wie in seiner Vision. Als die Knechte mit ihrer Arbeit fertig waren, da wurde dem Herrscher plötzlich warm ums Herz. Eine heilige Stille legte sich über den Hügel und begleitete die Andacht der Männer, die der gefallenen Krieger gedachten.

Als der Herrscher wieder in seinem Palast angekommen war, da spürte er eine große, nie gekannte Müdigkeit. Mit letzter Kraft schleppte er sich noch in sein Schlafgemach und dann schlief und schlief und schlief er. Sieben Tage und sieben Nächte schlief er an einem Stück, bis ihn die Mäusefamilie endlich mit einem kleinen Liedchen aufweckte.

„Siehst du, jetzt kannst du wieder schlafen!", meinte der kleine Mäuserich.

Der Herrscher schmunzelte: „Ja, und das habe ich euch zu verdanken. Ihr habt mich zur alten Traumfrau geschickt, und sie hat in mich hineingeschaut und mir gesagt, was mit mir los ist. Dann habe ich selbst in mich hineingeschaut und gehandelt. Heute weiß ich, dass ich mich ändern will. Ich möchte keine Kriege mehr führen und keine Menschen mehr töten, denn das ist unrecht. Ich habe es mir erlaubt, mir meine Müdigkeit zu töten einzugestehen, und das hat aus mir einen neuen Menschen gemacht!"

So legte der Herrscher sein Schwert und seine Prunkgewänder nieder und ging in die Wälder. Hier lebte er fortan glücklich als Einsiedler und ernährte sich von dem, was die Natur ihm bot. Auch die alte Traumfrau war einst eine mächtige Königin gewesen. Sie hatte ihr Glück in der Einsamkeit gefunden wie jetzt auch der kriegsmüde Herrscher, der nie wieder im Leben mit Einschlafproblemen kämpfte. Und wenn er nicht gestorben ist, dann lebt er noch heute friedlich in der Natur und hört den Mäusen beim Singen zu.

Die gestohlenen Träume

Es war einmal … in einer finsteren Nacht, da hatte der Sandmann Urlaub und seinem Vertreter, dem Seifenblasenmann, waren die Seifenblasen ausgegangen. So geschah es, dass in jener Nacht der Schlaf der Menschen unbeschützt war und sich der hinterlistige Traumfänger auf die Erde wagen konnte. Diese Schreckensgestalt hatte sich schon lange nicht mehr auf die Erde getraut, zu stark war die Macht des guten Sandmanns. Und seit die Menschen dank dem Seifenblasenmann in Farbe träumten, war es für den dunklen Traumfänger immer schwieriger geworden, den Menschen ihre Träume zu stehlen.

Es war nämlich so, dass der Traumfänger die Träume der Schlafenden stahl, um sie danach in der Unterwelt teuer zu verkaufen. Denn auch die Unterwelt brauchte immer wieder neue Kraft und dafür wurde die Traumenergie der Menschen benötigt.

Und mithilfe der Träume wollte der Traumfänger auch selbst seine Zauberkraft stärken, sodass er den guten Sandmann endlich besiegen konnte.

So geschah es, dass in jener Nacht kein einziger Mensch auf der Welt träumte. Alle Träume, ob gut oder schlecht, sackte der Traumfänger ein und tauschte sie gegen ganz viel dunkle Macht ein.

Die Menschen wachten auf und merkten nichts von den gestohlenen Träumen, denn viele von ihnen erinnerten sich nicht an ihre Träume und so fiel es auch nicht weiter auf, dass die vergangene Nacht weltweit traumlos geblieben war.

Mit seiner neu gewonnenen Kraft hielt der Traumfänger aber auch in der nächsten Nacht den Seifenblasenmann in Schach.

Dieser war nicht so mächtig wie der Sandmann selbst, und so verbannte ihn der Traumfänger so weit weg von der Erde, dass eine Rückkehr aus eigener Kraft unmöglich war.

Die zweite gestohlene Traumnacht war vergangen. Am kommenden Morgen war die Welt scheinbar noch immer in Ordnung, doch merkten die Menschen, dass sie nicht mehr so ausgeglichen waren wie sonst. Ihre Nerven lagen blank, etwas war anders, etwas fehlte. Jeder dachte dauernd an die Dinge, die er gestern und vorgestern erlebt oder erledigt hatte und es kam den Menschen vor, als wäre das alles irgendwie heute erst passiert. Es waren die Träume, die fehlten. In der Nacht verarbeiteten die Menschen die Erlebnisse des Tages und das war auch gut so. Nicht immer war alles eitle Wonne und manchmal kamen die Katastrophen am laufenden Band daher. In der Nacht konnten alle Eindrücke in Form von Träumen verarbeitet und eingeordnet werden, und das war mit ein Grund, warum die Menschen jeden Tag schlafen mussten.

So ging das also ein paar Nächte dahin. Der Traumfänger wurde immer mächtiger und mächtiger und die Menschen wurden immer aggressiver, gestresster und ärgerlicher. Die Träume fehlten ihnen wie das tägliche Brot.

Endlich kam der Sandmann aus dem Urlaub zurück. Gerade noch rechtzeitig, um zu verhindern, dass der Traumfänger so stark wurde, dass er auch ihn hätte besiegen können.

Der Sandmann überraschte den Traumfänger, als er gerade wieder sein schwarzes Netz über die Erde auswerfen wollte, um die Träume der Menschen abzufangen und für seine dunklen Zwecke zu verwenden. Er war so vertieft in sein böses Werk, dass er gar nicht merkte, wie ihm der Sandmann einen ganzen Kübel voll goldenen Schlafsand über den Kopf schüttete.

Schwuppdiwupp löste sich der böse Traumfänger in nichts auf und man hörte ihn noch fluchen und zischen, bevor es ihn in alle Winde zerstreute.

So hatte der Sandmann schnell wieder für Ordnung gesorgt. Doch wo war der Seifenblasenmann geblieben? Mit seinem Sternenfernrohr suchte der Sandmann nach ihm und entdeckte ihn in einer fernen Galaxie, wie er aus seinen Seifenblasen immer wieder ein S.O.S.-Zeichen formte.

Schnell holte der Sandmann seinen Freund zurück, damit er wieder für bunte Träume sorgen konnte. So kümmerten sich der Sandmann und der Seifenblasenmann darum, dass die Schlafenden wieder so farbenfroh wie möglich träumen konnten. Die Menschen auf der Erde beruhigten sich schnell wieder und in ihren Träumen ging es ab sofort wieder ziemlich bunt zu. Und egal ob die Träume gut oder schlecht ausfielen, sie waren für die Menschen fast so wichtig wie die Luft zum Atmen.

Der Quälgeist

Es war einmal … ein Mann, der hatte große Freude daran, wenn er andere ärgern konnte. Schon als Kind hatte er es genossen, den Leuten böse Streiche zu spielen und da er auch noch ein schlaues Bürschchen war, war er nur ganz selten erwischt worden.

Der Mann war Hausmeister geworden, denn in diesem Berufsstand hatte er die besten Möglichkeiten, andere zu ärgern, ohne verdächtigt zu werden. Im Haus, das er betreute, wohnten zehn Parteien, eine bunte Mischung aus alten und jungen Leuten, Familien, Rentnern und Singles.

Bei den Berufstätigen war es am einfachsten, sich in die Wohnungen zu schleichen und etwas anzustellen, denn da standen die Räumlichkeiten meist den ganzen Tag leer. Und wie freute sich der Hausmeister, wenn sich die Leute im Stiegenhaus gegenseitig erzählten, was ihnen schon wieder Schlimmes passiert war.

Eines Tages war es wieder einmal so weit, dass ein neuer Mieter in das Haus einzog. Ein junger Mann: Ende 20, unauffällig, berufstätig, was für ein Glück!

Schon beim Einzug wies der Hausmeister mit einem falschen Lächeln darauf hin, dass sich der Mann nicht wundern sollte, denn in dem alten Mietshaus spuke es. Immer wieder hatte er mit dieser Aussage Neuankömmlinge verunsichert und ihnen gleich von Beginn an Angst eingejagt. Richtige Glücksgefühle empfand er, wenn er sah, wie sich den Leuten die Nackenhaare aufstellten und sie sich fürchteten.

Doch der Neue ließ sich keine Angst machen. „Der wird sich noch wundern!", dachte sich der Hausmeister und lachte sich ins Fäustchen.

An jenem Abend nahm der Hausmeister sein Streichebuch zur Hand und las genussvoll darin nach. Seit er schreiben konnte, führte er über seine unzähligen Gemeinheiten Buch. Es war natürlich nicht das erste Buch dieser Art, viele davon lagen ausgeschrieben in der Küchenlade und er wusste auch schon, was er mit den Büchern machen wollte, wenn er einmal gestorben war. Er würde seine vielen, vielen Streiche der Nachwelt hinterlassen, damit sich alle noch einmal so richtig schön ärgern konnten.

So saß er da und schwelgte in Erinnerungen. Ach, wie war das schön, als er der Katze der alten Frau aus dem dritten Stock die Haare färbte. Er fing das zutrauliche Tier im Stiegenhaus ein, betäubte es und schon konnte es losgehen. So gab es damals plötzlich eine blonde Katze im Haus. Die Alte wäre bei dem gefärbten Anblick ihres heiß geliebten Schmusetigers fast in Ohnmacht gefallen. Noch heute rief sich der Hausmeister die Entsetzensschreie der alten Frau gerne in Erinnerung.

Und damals, als er das Hochzeitskleid, das per Boten geliefert wurde, abgefangen hatte, und erst einen Tag vor der Hochzeit herausrückte. Da wurde er sogar noch als Held gefeiert, denn alle glaubten, er hätte das Kleid zufällig im Keller gefunden. Eigentlich wollte er aber gar kein Held sein. Er wollte viel lieber böse sein. Doch um seine Stelle als Hausmeister zu behalten, war es notwendig, seine Bosheiten heimlich auszuführen.

Noch so eine Lieblingsgeschichte fiel ihm jetzt ein: Als Frau Meier auf Kur war, ging er zu einer Telefonzelle und rief bei Herrn Meier an, um ihm mitzuteilen, dass seine Frau einen Kurschatten hätte. War das ein Spaß! Der Hausmeister war kaum in seiner Wohnung angekommen, als Herr Meier schon wie wild geworden aus dem Haus stürmte, in sein Auto stieg und mit Vollgas in Richtung Bad Gastein brauste.

Und damals, als Familie Herzog auf Urlaub war, hatte er sich etwas ganz Besonderes einfallen lassen. Er ging in ihre Wohnung und verstellte die Fernsehkanäle. Dann drehte er in alle Lampen und Leuchten, die er finden konnte, ausgebrannte Glühbirnen hinein und nahm die funktionierenden mit. Ins weiße Waschbecken legte er eine fette tote Spinne, weil er wusste, dass sich die Frau davor fürchtete. Für Vater und Sohn hatte er noch eine Idee: Er versteckte die väterlichen Sexhefte im Zimmer des 15-jährigen Sohnes. Und in der Küche vertauschte er Salz und Zucker. Er konnte es gar nicht erwarten, bis die Familie wieder aus dem Urlaub zurückkam. Nach zwei Wochen war es dann endlich so weit. Und dann hörte er sie schreien, streiten, fluchen und so weiter. Das war ein besonders schöner Tag für den Hausmeister.

Eine boshafte Freude ergriff ihn beim Nachlesen im Streichebuch und er wurde richtig glücklich.

Nachdem es ja im Haus angeblich spukte, kam niemand auf die Idee, jemals den Hausmeister zu verdächtigen. Einige Mieter waren schnell wieder ausgezogen, weil es sie so gruselte, und ihnen diese „unerklärlichen Phänomene" große Angst machten.

Doch jetzt musste der Hausmeister ernsthaft überlegen, welchen bösen Streich er dem neuen Mieter spielen konnte. Zuerst wollte er sich einen Überblick verschaffen, wie es in dessen Wohnung aussah, um den Neuen besonders schön ärgern zu können.

Bald war es so weit. Beim Lokalaugenschein stellte der Hausmeister fest, dass der Mieter im zweiten Stock ein sehr ordentlicher Mensch war. Was konnte er ihm nur antun, um diese Ordnung durcheinanderzubringen? Ungeziefer! Der Hausmeister bestellte im Internet eine Ameisenkolonie und ließ diese in der Küche des Neuankömmlings frei. Schon bald waren die Kammerjäger im Haus. Doch hörte er den Mann niemals fluchen, und er schaute auch immer so entspannt drein, niemals schien er sich zu ärgern. Das ärgerte den Hausmeister jetzt. Er musste sich etwas Deftigeres einfallen lassen, der sollte noch seinen Meisterstreich erleben.

Tagelang grübelte der Hausmeister vor sich hin, und endlich kam ihm die rettende Idee. Er bestellte auf den Namen des Mannes ein Paket bei einem Erotikversand und ließ es ihm direkt in die Firma schicken. Natürlich fand der Hausmeister immer sehr schnell heraus, wo seine Schäfchen arbeiteten und so wollte er auf

diese Art und Weise versuchen, dem Mann Ärger zu bereiten. An jenem Tag, als das Paket angekommen war, spazierte der neue Mieter fröhlich pfeifend abends zur Haustür herein. Der Hausmeister hatte schon auf ihn gewartet und an der Tür gespechtelt, wann er denn kommen würde. „Grüß Gott", sagte er recht freundlich, „was haben wir denn da Schönes?", und deutete auf das Paket. „Ach, da hat mich wohl jemand überraschen wollen! Lauter nette Sachen, die ich gut brauchen kann!", und so öffnete der Mann das Paket und zeigte dem Hausmeister freudenstrahlend die verschiedenen Sexartikel, die sich darin befanden.

Jetzt machte der Hausmeister ein langes Gesicht. „Der hat ja gar keinen Genierer!", dachte er bei sich und ärgerte sich über die fast 50 Euro, die er für das Paket hinblättern hatte müssen. Das war ein wirklich schwieriger Fall. Dann musste wohl die Geisternummer herhalten.

Um die Spukgeschichten, die sich um das Haus rankten, aufrechtzuerhalten, sorgte der Hausmeister immer wieder für schaurige Momente. Er schlich sich also wieder in die Wohnung des Mannes und verrückte alle Bilder, sodass sie schief hingen. Die wenigen Ziergegenstände, die er fand, verrutschte er um ein paar Zentimeter. Das ordentlich gemachte Bett zerwühlte er, als ob jemand darin gelegen wäre. Er zog alle Vorhänge zu und streute Mehl auf die Modelleisenbahn-Landschaft, sodass es aussah, als hätte es geschneit. Das machte jetzt schon wieder so großen Spaß! Und so war es immer, je mehr Streiche er den Leuten spielte, desto mehr fielen ihm noch dazu ein. Er war schon ein kreativer Kerl, das musste man ihm lassen. Das gab heute wieder viele Einträge in das Streichebuch!

Als der Mann endlich von der Arbeit nach Hause kam, wartete der Hausmeister gespannt auf seine Reaktion, er schlich sich in den zweiten Stock und tat so, als würde er das Stiegenhaus kehren. Doch er vernahm weder ein Fluchen noch Entsetzensschreie!

Am nächsten Tag hörte der Hausmeister, wie der Mann aus dem zweiten Stock wieder fröhlich pfeifend das Haus verließ. Hatte der denn gar keine Angst vor den angeblichen Geistern im Haus? Oder war er vielleicht blind oder sah wenigstens so schlecht, dass ihm die ganzen Streiche gar nicht aufgefallen waren? Irgendeinen Grund musste es doch geben!

Als der Mann am Abend nach Hause kam, da läutete er beim Hausmeister und dieser rieb sich die Hände. Jetzt würde er sich sicher über die sonderbaren Vorkommnisse in seiner Wohnung beschweren. Doch der Mann hatte ganz etwas anderes im Sinn, er hielt eine Flasche Wein in der Hand und meinte, dass es noch gar keinen Umtrunk zum Einstand gegeben hätte.

Etwas enttäuscht bat der Hausmeister ihn in seine Wohnung. „Eine gute Gelegenheit ihn auszuhorchen, um in Zukunft besser auf seine Bedürfnisse eingehen zu können", dachte er böse.

So tranken die beiden Wein und sprachen über dieses und jenes. „Warten Sie, sagte der Hausmeister, ich hole uns noch etwas zum Knabbern". Er ging in die Speisekammer und holte eine Packung mit abgelaufenen Chips. Die waren schon so zäh, dass sie gar nicht mehr knackten, wenn man hineinbiss. Der Mann aus dem zweiten Stock war tapfer und aß höflich ein paar davon.

Doch jetzt wurde der Hausmeister plötzlich sehr, sehr müde, er musste sich schon mit der Hand am Esstisch abstützen, damit sein Kopf nicht wegkippte, und schon war es geschehen, und er war eingeschlafen.

Als er wieder erwachte, war sein Gast nicht mehr anwesend. Was war passiert? So viel Wein hatte er doch gar nicht getrunken? Oder doch? Die Flasche war noch halb voll. Es war sieben Uhr morgens und dem Alten taten alle Glieder weh vom unbequemen Tischschlaf. Er streckte sich durch und überlegte, was er dem neuen Mieter noch antun könnte, etwas, das ihn wirklich ärgern würde. Und so wollte er in seinen alten Streichebüchern nachlesen, vielleicht kam er ja auf diesem Weg auf eine neue böse Idee.

Doch als er in der Lade nach den Büchern greifen wollte, war sie leer. Hatte er seine Streichbücher etwa woanders verstaut? Nein, seit er hier als Hausmeister lebte, befanden sich die Bücher

in dieser Lade, das wusste er ganz genau. Jetzt traf es ihn wie der Blitz, der Neue aus dem zweiten Stock hatte seine Streichebücher gestohlen! Er hatte ihn mit irgendeinem Zeug eingeschläfert und es auf seine lebenslangen Aufzeichnungen abgesehen! Nein, das konnte nicht sein, das war sein Lebenswerk, ohne seine Streichebücher fühlte er sich leer, bestohlen, beraubt, einfach schlecht!

Schnell rannte er hinauf in den zweiten Stock, um den Mann zur Rede zu stellen. Dieser war schon zur Arbeit gegangen und nicht mehr im Haus. So liefen die Gedanken des Hausmeisters den ganzen Tag im Kreis. „Ich muss meine Bücher zurückbekommen, ich muss, ich muss, ich muss!"

Als der Mann aus dem zweiten Stock am Abend endlich nach Hause kam, da erwartete ihn der Hausmeister schon an der Eingangstür: „Sie haben meine Bücher gestohlen!", schrie er ihn an.

„Was habe ich?"

„Sie Saukerl, Sie! Sie haben mich gestern eingeschläfert und dann haben sie in meine Küchenlade gegriffen! Ich will meine Bücher zurück! Sofort! Auf der Stelle!"

Der Mann blieb ganz ruhig und antwortete: „Sie sind gestern einfach eingeschlafen, und ich bin dann nach oben gegangen, ich habe ihre Bücher nicht! Sie sagen doch selbst immer, dass es in diesem Haus spukt! Wahrscheinlich haben die bösen Hausgeister in die Lade gegriffen! Schon meine Oma hat mir davon erzählt, dass es in diesem Haus nicht mit rechten Dingen zugeht!"

„Ihre Oma?"

„Ja, die Frau Lerchenfelder war meine Oma, sie hat vor mir in der Wohnung gelebt und nachdem sie vor ein paar Monaten gestorben ist, bin ich in ihre Wohnung eingezogen."

„Aha", jetzt schluckte der Hausmeister. Die Frau Lerchenfelder, ihr hatte er immer besonders böse Streiche gespielt, denn die alte Frau hatte schwache Nerven, war ängstlich und erschreckte sich über alles und jedes, was man sich nur vorstellen konnte. Sollte es ihr Geist gewesen sein, der die Bücher gestohlen hatte? Der Hausmeister war verwirrt und ihm wurde ganz schwindlig.

„Auf Wiedersehen und einen schönen Abend wünsche ich Ihnen!", sagte der Mann aus dem zweiten Stock betont freundlich und ging.

Da stand er nun, der alte Hausmeister und war schon fast so weit, dass er seine eigenen Schauermärchen glaubte. Was, wenn es im Haus wirklich spukte, und es ihm noch nie aufgefallen war, weil er den Menschen selbst so viele Streiche spielte. Seine Gedanken drehten sich im Kreis und so verlor der Hausmeister schließlich die Nerven. Er schrie so laut in seiner Wohnung herum, dass seine unmittelbare Nachbarin die Polizei verständigte. Diese holte den Tobsüchtigen ab und brachte ihn direkt in eine Nervenheilanstalt. Und hier tobte er weiter, und wenn die Medikamente nachließen, dann ging es von vorne los mit der Schreierei.

Nun lachte sich der Mann aus dem zweiten Stock ins Fäustchen. Er hatte es geschafft, den bösen Hausmeister mit seinen eigenen Waffen zu schlagen. Seine Oma hatte zu ihren Lebzeiten sehr unter den Gemeinheiten des böswilligen Kerls gelitten. Sogar im Testament hatte sie vermerkt, dass der Enkel sich doch bitte um den fiesen Hausmeister „kümmern" solle. Denn die Frau Lerchenfelder war auch eine schlaue Frau, und sie wusste genau, dass es im Haus ganz und gar nicht spukte, und dass die schlimmen Dinge, die passierten vom Hausmeister höchst persönlich arrangiert wurden. Und so schlief sie eines Tages selig ein, in dem Wissen, dass sich der Enkelsohn irgendwann am „Hausgeist" rächen würde. Und das hatte er jetzt getan, schön elegant und heimlich, garniert mit einem freundlichen Lächeln.

Seit der Hausmeister in der Nervenheilanstalt „wohnte", hörte auch der Spuk im Haus auf. Sonderbar, dachten sich die Leute, und waren froh, dass sie jetzt endlich ihre Ruhe hatten. Und die Frau Lerchenfelder schaute zufrieden vom Himmel aus zu und freute sich, dass ihr Enkel für Gerechtigkeit gesorgt hatte.

Gruselige Gute-Nacht-Geschichten

Der schlafwandelnde König

Es war einmal ... ein böser Geist, der hatte es auf die schlafenden Menschen abgesehen. Er schlich sich in ihre Träume und übernahm auf diesem Weg das Kommando über den Körper der Schlafenden und machte diese zu Schlafwandlern.

Immer wieder gelang ihm sein böses Werk. Er hatte Spaß daran, die Menschen im Schlaf nach draußen zu führen und sie auf Dachsimsen und Balkonen balancieren zu lassen. Einige von ihnen stürzten ab, aber das störte den bösen Geist gar nicht.

So trieb er sein Spiel mit den Menschen und hatte große Freude daran. Doch eines Tages, da reichten ihm die normalen Leute nicht mehr, und der Geist bildete sich ein, den König des Landes im Schlaf auf den Schlossturm klettern lassen zu müssen und ihn damit auch noch der Lächerlichkeit preiszugeben.

Doch gibt es auch gute Schlafgeister und diese versuchen allerorts, die Schlafwandler zu beschützen. Das plötzliche Aufwecken war gar keine gute Idee, der Schrecken darüber konnte so schlimm ausfallen, dass die Schlafwandler für immer und ewig einen Schaden davontrugen. Ganz sacht begleiteten die guten Geister ihre Schäfchen wieder ins Bett zurück, um sie dort gut weiterschlafen zu lassen.

Als der König an jenem Abend zu Bett ging, da war ihm, als spürte er einen kalten Lufthauch in seinem Schlafgemach. Der böse Schlafgeist war gekommen, um mit dem König herumzuwandeln, und ihn im Schlaf an der Nase herumzuführen. Doch auch zwei gute Schlafgeister waren im Raum und so kämpften sie um den Schlaf des Herrschers. Leider gewann der böse Geist und steckte die guten einfach in die königliche Schlaftruhe.

Kaum hatte der König zu schnarchen begonnen, bemächtigte sich der böse Geist seines Körpers. Er steuerte ihn zum Fenster und ließ ihn hinausklettern. Der dicke König war ein behäbiger Mann, und so sah es doch etwas drollig aus, wie er da in seinem weißen Nachthemd am Fenstersims hing. Und nicht nur drollig sah es aus, sondern auch gefährlich. Der böse Geist hatte seinen Spaß daran, den Herrscher des Landes nach seiner Pfeife tanzen zu lassen.

Von dem Lärm, den der König beim Klettern machte, war die Prinzessin aufgewacht und klopfte an die Tür der königlichen Schlafgemächer. Das war jetzt die Chance der guten Schlafgeister. „Komm herein!", riefen sie mit der Stimme des Königs.

Als die Prinzessin eintrat, da fand sie keinen König mehr. Doch plötzlich hörte sie leise Stimmchen, die aus der Schlaftruhe zu dringen schienen: „Lass uns heraus, lass uns heraus!", riefen sie.

Da öffnete die Prinzessin die Truhe und die guten Schlafgeister flogen heraus. „Danke!", sagten sie und waren fast sogleich wieder verschwunden. „Halt, wo wollt ihr hin!", rief ihnen die Prinzessin hinterher.

„Wir müssen den König retten!", sprachen sie und die Prinzessin verstand gar nichts mehr.

Sie beugte sich aus dem Fenster und sah jetzt ihren Vater den König, wie er schlafwandelnd versuchte, den Schlossturm zu erklimmen. Die Prinzessin reagierte blitzschnell. Sofort weckte sie den halben Hofstaat und organisierte die stärksten Männer. Diese sollten das größte Leintuch, das sie finden konnten, unter dem Schlossturm aufspannen, damit der König, sollte er abstürzen, wenigstens weich landen würde.

Mittlerweile versuchten die guten Schlafgeister, den König zu überreden umzukehren und wieder seine Schlafgemächer aufzusuchen. Der böse Geist hinderte sie aber an ihrem Vorhaben und so fingen die Geister wieder zu kämpfen an. Einmal kletterte der

König nach oben und dann wieder nach unten. So ging das eine Weile dahin. Und dann kam auch noch eine Fledermaus ins Spiel. Diese war so erschrocken vom Anblick des Königs im Nachthemd, dass sie einen spitzen Schrei losließ, von dem der König schlagartig erwachte. Als er sich seiner gefährlichen Situation bewusst wurde, da stieß auch er einen Schrei aus, ließ die Dachschindeln los und stürzte in die Tiefe. Doch da standen schon seine tapferen Männer mit dem aufgespannten Leintuch und fingen den König sicher auf. So war alles noch einmal gut gegangen und die Prinzessin war froh, dass sie ihren Vater hatte retten können.

Die guten Schlafgeister aber packten jetzt den bösen Geist und schleppten ihn fort. Sie sperrten ihn in eine leere Weinflasche und verschlossen diese schnell mit einem Korken. Danach versiegelten sie die Flasche noch mit dem Wachs von geweihten Kerzen und brachten den bösen Geist in den dunkelsten aller Keller, den seit Jahrhunderten kein Mensch mehr betreten hatte. Dort lagerten schon viele andere böse Schlafgeister, eingesperrt in Kisten, Flaschen und anderen Behältnissen.

Und so machten sich die guten Schlafgeister weiter auf die Jagd, um ihren dunklen Brüdern das Handwerk zu legen. Und wenn sie alle bösen Schlafgeister eingefangen haben, dann wird es auch irgendwann keine Schlafwandler mehr auf der Welt geben.

Die verwunschene Waldschenke

Es war einmal … eine verwunschene Gaststätte, die lag tief verborgen im Wald. Die Zeit ging an der Waldschenke spurlos vorüber, und jeder Mensch, der das Gasthaus betrat, vergaß sich selbst und natürlich auch die Zeit.

Als sich in der Gegend herumsprach, dass mit der Schenke etwas nicht stimmte, traute sich kein Reisender mehr, die Waldherberge zu betreten und über die Jahre wusste eigentlich keiner mehr so recht, wo genau im Wald sich das Gasthaus befand.

Eines schönen Tages hörte ein Wandergeselle von der seltsamen Geschichte des verwunschenen Gasthauses und wurde neugierig.

Der junge Mann war in der Gegend unterwegs und hörte die Leute immer wieder von den Legenden erzählen, die diese Waldschenke umrankten.

Auf seiner Wanderschaft traf er eine alte Frau. Diese Alte erzählte ihm davon, dass sowohl ein Fluch als auch ein Segen auf diesem Haus liege, denn einerseits ist es schön, die Zeit zu vergessen und andererseits sehr gefährlich, dabei sich selbst und sein Leben zu verlieren. Das Interesse des Wandergesellen war geweckt, und er stellte immer mehr Fragen über diese geheimnisvolle Herberge im Wald. Die alte Frau gab bereitwillig Auskunft, doch erzählte sie ihm nicht alles, was sie wusste.

Gemeinsam wanderten sie weiter und erreichten einen Fluss. Der Fluss hatte keine Brücke, war jedoch nicht sehr tief. Der junge Mann bot der gebrechlichen Alten an, sie auf seinem Rücken über das Wasser zu tragen. Für diesen Dienst war die Frau so dankbar, dass sie ihm schließlich die ganze Wahrheit über den verwunschenen Waldgasthof erzählte.

„Pass gut auf, mein Junge, was ich dir jetzt sage, wenn du wirklich den Gasthof finden willst, dann höre mir zu. Wandere drei Tagesmärsche weiter und lege dich unter einer Eiche mit drei Kreuzen schlafen. Und am nächsten Morgen wirst du in der verwunschenen Waldherberge erwachen."

„Wenn das so einfach ist …", dachte der Wandersmann und ging in guter Stimmung seines Weges.

„Doch wenn du die Waldherberge jemals wieder verlassen möchtest, dann musst du den Fluch der Zeit bannen, der auf diesem Haus liegt. Wie das geht, das weiß ich leider selbst nicht, aber wenn du es schaffst, dann gehört dir das ganze Gasthaus und du bist dann dort der Herr im Haus!"

Die Aussicht, einen Gasthof zu besitzen, klang verlockend. Der Wandergeselle wollte immer schon einmal sein eigener Herr sein. Also machte er sich auf den Weg.

Drei Tagesmärsche später fand er die Eiche mit den drei Kreuzen und legte sich – so wie die Alte es ihm gesagt hatte – am Fuß des Baumstammes zum Schlafen nieder. Doch konnte er nicht und nicht einschlafen. Ständig wurde er in seinen Bemühungen, den ersehnten Schlaf zu finden, der ihn in die verwunschene Waldschenke führen sollte, empfindlich gestört.

Zuerst kam ein Waldkauz geflogen, der sich auf den Baum setzte und seine nicht zu überhörenden kauzigen Laute von sich gab, dann befiel den Wandergesellen eine Horde von wild gewordenen Waldameisen und schließlich kam auch noch ein Igel daher, um ihn gerade noch vor dem sanften Einschlummern ordentlich ins Hinterteil zu pieksen.

Irgendwann übermannte den Wandergesellen schließlich doch der süße Schlummer. Er fiel in einen traumlosen Schlaf und erwachte in einem Himmelbett, dessen Decke und Polster aus purem Gold waren. Die goldene Bettdecke war so schwer, dass der Geselle große Mühe hatte, sie aufzuschlagen, doch da er ein kräftiger Kerl war, entkam er seinem goldenen Gefängnis und musste sogleich feststellen, dass seine Taschenuhr stehen geblieben war. Er war also wirklich im verwunschenen Waldgasthaus gelandet. Die Alte hatte recht gehabt mit ihrer Beschreibung. Doch nun war guter Rat teuer.

Der Geselle merkte, wie die Zeit langsam aus seinem Bewusstsein verschwand. Ein Gefühl der Zeitlosigkeit machte sich in ihm breit und er wusste nicht, wie ihm geschah.

Als er die goldene Bettstatt verlassen hatte, war ihm bereits ein langer Bart gewachsen. Er entdeckte einen Spiegel an der Wand und erkannte sich selbst nicht wieder. In Windeseile war ein alter Mann aus ihm geworden. Doch unser Wandersmann ließ sich nicht so schnell von Zauberkraft und Hexerei einschüchtern.

Er betrat die Gaststube, die voller uralter Männer war, ihre langen weißen Bärte reichten bis unter die Tische. Sie saßen nur da und starrten sich an. Keiner sagte ein Wort. Niemand registrierte den Neuankömmling. Einen Wirt gab es auch. Der war so bucklig, dass er sich nicht einmal mehr weit genug aufrichten konnte, um seinen neuen Gast in Augenschein zu nehmen. Er wies ihm wortlos einen Platz zu und unser gealterter Wandergeselle setzte sich, wie es ihm aufgetragen wurde.

Doch dann stand er wieder auf, sah sich um und fragte ganz laut und deutlich: „Weiß hier eigentlich jemand, wie spät es ist?"

Ein Raunen ging durch die Schar der Greise, doch niemand konnte ihm eine Antwort geben.

Er wiederholte die Frage. Diesmal war das Raunen noch lauter und auch der Wirt kam hinter seiner Schank hervor. Als der gewitzte Bursche, der ja mittlerweile auch zum Greis geworden war, die Frage zum dritten Mal stellte, schnellte ein Kuckuck aus einer unsichtbaren Kuckucksuhr hervor und rief zur vollen Stunde. Es war Mitternacht. Geisterstunde. Doch dieses Mal veränderte sich mit der Geisterstunde alles zum Guten. Der Wandergeselle wusste, dass wenn man eine Frage drei Mal stellt, die Zauberwelt darauf reagieren muss. Und zu seinem Glück, hatte er die richtige Frage gestellt.

Vielleicht sei noch erwähnt, dass ihm der kleine Igel, der ihn vor dem Einschlafen gepiekst hatte, genau diese erlösende Frage mit

auf den Weg gegeben hatte. Es ist schon seltsam, dass einen ein Igel nach der Uhrzeit fragt, hatte sich der Wandersbursch gedacht, als er unter der Eiche lag, doch der Igel hatte einen Auftrag, genauso wie die Ameisen und der Waldkauz. Die Aufgabe der Ameisen war es nämlich gewesen, den Wandersmann so lange wachzuhalten, bis der Igel endlich angekommen war und der Waldkauz hatte mit seinen Rufen die Ameisen zur richtigen Eiche gelotst. So hat alles seinen Sinn im Leben, auch wenn man manch seltsame Begebenheiten erst später versteht.

Nun hatte der tapfere Bursch das Waldgasthaus von seinem Fluch erlöst. Die alten Männer in der Gaststube wurden wieder jung. Wie es im großen Fluchbuch geschrieben steht, erhielt derjenige, der den Fluch löste, auch das Waldgasthaus. So war es ausgemacht.

Eine Hexe hatte vor vielen Jahren einen Fluch auf das Haus gelegt. Sie nährte sich von den Jahren der Menschen, die das Gasthaus betraten und schenkte sich damit selbst die ewige Jugend. Nachdem sie nun auf einen Schlag all die Lebensjahre zurückgeben musste, zerfiel sie selbst in Sekundenbruchteilen zu Staub.

Alle Burschen und Männer, die es vor unserem mutigen Wandersmann gewagt hatten, die Herberge zu betreten, waren ihrer Jugend beraubt worden und konnten sich nach ein paar Stunden Aufenthalt in der Waldherberge an nichts mehr erinnern. Zurückverwandelt in ihre ursprüngliche Gestalt, verließen sie nun alle glücklich das Gasthaus und bedankten sich für die Erlösung vom Fluch der Zeithexe. Auch der ehemalige Wirt verließ die Waldschenke, denn eigentlich war er ein Müller gewesen und freute sich schon auf sein altes Zuhause.

Unser gewitzter Wandersmann war jetzt also selbst zum Wirt geworden und sah sich in seiner Gaststätte um. Alles war veraltet, verrostet und morsch. War das wirklich ein Segen, Besitzer dieses alten Gemäuers zu sein? Er war sich da jetzt nicht mehr so sicher. Doch als er begann, das Haus vom Keller bis zum Dachboden auszumisten, da fand er einen riesigen Goldschatz, der ihn für seinen Mut und seine Tapferkeit belohnen sollte.

So erstrahlte die Waldschenke bald in neuem Glanz. Ein bisschen mulmig war den Gästen anfangs schon, denn die Schauergeschichten rund um das Haus waren noch in aller Munde.

Doch je mehr Menschen das Gasthaus besuchten, desto schneller wurde es für seine besondere Gastfreundschaft bekannt und für den Umstand, dass die Zeit in diesem Haus wie im Flug vergeht. Doch das war diesmal kein Fluch mehr, sondern wirklich ein Segen, denn wo man sich wohl fühlt, da vergeht auch die Zeit so schnell, dass man es oft gar nicht glauben kann. Und wie man aus eigener Erfahrung weiß, verstreichen die glücklichsten Stunden immer am schnellsten und bleiben dafür auch am längsten in Erinnerung.

Das Schlafschloss

Es war einmal … ein altes Schloss, das wurde „Schlafschloss" genannt. Denn wenn Besucher kamen, dann wurden diese schnell müde und schliefen sogar während der Schlossführungen ein.

Der Schlossbesitzer konnte sich dieses Phänomen nicht erklären, er hatte das Anwesen vor ein paar Jahren gekauft und wollte es eigentlich für touristische Zwecke nutzen. Doch schon bei den Renovierungsarbeiten waren die Handwerker immer wieder eingeschlafen.

Es hausten Geister im Schloss und die wollten erlöst werden. So schnappten sie sich immer wieder Menschen und versuchten, durch sie sanft zu entschlafen. Doch so funktionierte das nicht, denn die Geister fanden aus der Traumwelt der Menschen nicht zu ihrer ewigen Ruhestätte. Aber sie versuchten es immer wieder. Die spontanen Schlossschläfer erzählten dann von wilden Träumen und natürlich von Geistern.

So war der neue Schlossherr eines Tages so weit, dass er einen echten Geisterjäger engagierte. Als es am Schlosstor klingelte, staunte er nicht schlecht, denn eine zierliche junge Dame stand vor ihm und stellte sich als Geisterjägerin vor.

Schnell war das Problem erkannt, die junge Frau schoss nicht mit Laserkanonen auf die Schlossgespenster, sondern sprach einfach mit ihnen. Endlich war klar, was die Geister wollten, ihre ewige Ruhe. Und so veranlasste die Geisterjägerin eine Zeremonie in der Schlosskapelle, durch die die Geister endlich nach Hause finden sollten.

Ein Priester wurde geholt, die Kapelle festlich geschmückt, eine Messe zelebriert. Die Geisterjägerin hatte mit den Schlossgeistern ausgemacht, dass sie sich bei jener Messe alle in der Kapelle einfinden sollten. Eine goldene Schale wurde auf dem Altar aufgestellt und darin versammelten sich die vielen unerlösten Seelen. Dem Priester wurde aufgetragen, eine Messe für jene Verstorbenen im Schloss abzuhalten, die noch unerlöst waren und die ihre ewige Ruhe finden wollten.

Nach der Messe brachte die Geisterjägerin die goldene Schale ins Freie und wünschte den Geisterseelen eine gute Reise. Am selben Tag entdeckte der neue Schlossherr in einer Chronik folgende Aufzeichnung:

Die Besonderheit, wie der Kerkermeister die Gefangenen zum Reden gebracht hatte, war jene, dass er ihnen den Schlaf nahm. Sie durften nicht mehr schlafen und manche von ihnen starben an dieser Prozedur.

Das Geheimnis der Schlossgespenster war gelüftet. Sie waren einst durch die Folter gegangen und sehnten sich nach dem ewigen Schlaf, den man ihnen im Leben genommen hatte und durch dessen Mangel sie schließlich gestorben waren.

Die Geisterjägerin hatte gute Arbeit geleistet. Sie freute sich, dass die gepeinigten Seelen doch noch die ewige Ruhe finden konnten, denn ab jenem Tag war der Spuk im Schloss vorbei. Und so schliefen die alten Schlossgespenster von nun an in himmlischer Ruh.

Schlussbemerkung

Das Buch endet hier, jedoch nicht Ihre Erfahrungen rund um den guten Schlaf. Ich freue mich über Ihr Feedback und Ihre Gedanken zum Buch.
Wenn Sie mich daran teilhaben lassen möchten, dann schreiben Sie mir unter *DieMaerchenfee@gmail.com* eine E-Mail oder besuchen Sie mich auf meiner Homepage: *www.diemaerchenfee.at*

Märchenhafte Grüße sendet Ihnen

Ihre
Nina Stögmüller

Nina Stögmüller
Neue Märchen braucht das Land!, lautet das Motto von Märchenautorin Nina Stögmüller. Die Linzerin schreibt seit rund 20 Jahren Märchen und Geschichten, die sie auch auf ihrer Homepage veröffentlicht.
2012 ist das erste Lese- und Märchenbuch für Erwachsene *Raunächte erzählen* erschienen. 2013 folgte *Mondnächte erzählen*, 2014 erschien *Adventkalender erzählen*. Hauptberuflich arbeitet die begeisterte Schreiberin seit 20 Jahren im Pressebereich. Nach Stationen im OÖ. Landespressedienst und den OÖ. Landesmuseen ist Nina Stögmüller seit 2008 Pressesprecherin der VKB-Bank. www.diemaerchenfee.at

Literaturliste

Ulrike Krawczyk: *Schlaf und Traum*, 2001, Verlag Stendel
Univ.-Prof. Dr. Med. Manfred Walzl, *Schlaf gut!*, 2005, Verlagshaus der Ärzte
GmbH für Bieche & Partner GmbH
Peter Spork, *Das Schnarchbuch*, 2007, Rowohlt Taschenbuch Verlag
Gerhard Klösch, John Dittami, Josef Zeitlhofer, *Ein Bett für zwei*, 2008, F. A.
Herbig Verlag
Sean Coughlan, *Das kleine Buch vom Schlafen*, 2012, Wilhelm Goldmann
Verlag
Dr. Brigitte Holzinger, *Albträume*, 2013, Nymphenburger
Prof. Dr. Bernd Saletu, Dr. Susanne Altmann, *Faszination Schlaf*, 2015, Maudrich Verlag

Ebenfalls von Nina Stögmüller im Verlag Anton Pustet erschienen:

Raunächte erzählen

Ein Lese- und Märchenbuch zu den
zwölf heiligen Nächten im Jahr

156 S., 21 x 21 cm, Hardcover
Illustrationen von Stefan Kahlhammer
ISBN 978-3-7025-0684-1, € 22,00
eBook: 978-3-7025-8004-9, € 14,99

Mondnächte erzählen

Ein Lese- und Märchenbuch
zu den vielen Gesichtern des Mondes

168 S., 21 x 21 cm, Hardcover
Illustrationen von Stefan Kahlhammer
ISBN 978-3-7025-0732-9, € 22,00
eBook: 978-3-7025-8005-6, € 14,99

Adventkalender erzählen

Ein Lese- und Märchenbuch

156 S., 21 x 21 cm, Hardcover wattiert
ISBN 978-3-7025-0764-0, € 22,00
eBook: 978-3-7025-8006-3, € 14,99